宇宙間慈悲的力量，感謝這一刻
全宇宙都在幫助我。
每一件事、每一個人、每一樣東西
都是另一個我，
在幫助這一刻的我覺醒。

有佛法，就有辦法

靈修、開悟、打造來世金湯匙的大智慧

Learn the Wisdom
That Westes No Human Life

章成 著

目次

2 修行的微積分 87

3 當下即未來 143

1

因果學問大

☆你的能量，不要被別人伸手進來拿
——談「介入因果」，及擔任療癒師的注意事項

「蠟燭兩頭燒」是在形容什麼呢？大部分人可能會回答：「就是在形容事情太多，忙到昏頭、身心俱疲了。」然而有些人其實沒做多少事，也常常覺得自己好累，不是嗎？這又是為什麼呢？高靈說：其實這也是因為「蠟燭兩頭燒」的關係，只是這種「兩頭燒」的原因比較隱性，外在看不太出來。

療癒別人，損耗自己，不是助人的好方法

當一個人很容易因為外界的影響而情緒波動，心情都是一直被別人的作為所左右，甚至於連看個連續劇都很容易影響情緒，那麼他的能量其實就是一直處在「被消耗」的狀態，所以他就會精神欠佳、身體也不會強健。

像這樣的人明明生活不算忙碌，總也好像一副「蠟燭兩頭燒」的樣子。例如臉色乾枯沒有光彩、眉頭常皺很容易憂愁、身體也彎腰駝背提不起勁。這樣的人也是罹患癌症的高

危險群，因為他常常產生負面情緒的波動，使得他的五臟六腑因而經常失調、彼此協調性也不好，所以各種奇奇怪怪的病症就容易找上門，包括癌症。

反過來說，能量不損耗、很能夠持盈保泰的話，也有的人甚至可以能量強到他的身體會發光。這個就是佛畫裡面，聖賢人物身後所畫的「佛光」。那麼為什麼他們的能量可以這麼飽滿呢？因為他們有智慧。「智」就是「能夠運用」的意思。當你能夠運用你的「慧」時，「智慧」流動了起來，這個「流動」就是那道光。

這個「光」也是「舉頭三尺有神明」的意思。為什麼會講「舉頭三尺」？因為在我們頭頂的正上方，確實有一個和我們的「本靈」連結的「點」，這個點就是《與佛對話》裡面我們曾說的那個「黑洞」（註）——是我們回到合一的蟲洞。當人的能量愈強，也就是一般說的「氣場愈強」的時候，他的這個蟲洞的能量也愈高，所以他去吸收宇宙能量的能力也就愈好，他就更容易去修復自己身心靈的虧損。

所以愈有智慧的人，他的眼神會愈明亮；你可以看到他的眼睛裡的「神」，甚至是會震攝人的。古時候有很多的祖師爺、道長等等，他們的眼神都很亮。然後弟子在外面受傷了回來，他可以用他的「氣」去給那個弟子療癒；可是當弟子得到療癒後，這個師父的眼神就會變弱，就沒有那麼明亮了，因為他把自己的能量分享給了這個弟子。

所以幫助人最上乘的方式並不是這樣的作法，而是「以心印心」，因為「以心印心」

不會消耗老師的能量。什麼是「以心印心」呢？就有點像：你有一個APP很好用，你只是copy一個給人家去用，所以你的APP並不會有任何減損；而那個人只要自己去run那個APP，這個APP就會幫助他去處理他自己的事情了。

「智慧」就是那個可以療癒任何受傷、解決人生任何問題的APP。當師父演示某種智慧，讓弟子心領神會以後，這就是「以心印心」了。那麼弟子自己就可以用這個「智慧的APP」去重整自己耗能的系統、強化和本靈連結的那個蟲洞點，於是就更容易充滿能量、強大氣場，師父就不需要把自己的能量給他。

所以如果是用「氣功」或是「靈氣」或是類似的方式去療癒別人的人，你自己是會有內損的，也就是對你自己的能量場會有損耗。許多做這些「靈療」工作的人，或是以能量去做身體工作的老師，他們都損耗得很嚴重，因為他們沒有把這些內耗平衡回來，等於是去承擔了過多別人的因果（因為這些來療癒的人，他們的受傷是有其因果的）。所以要用這些方式去做療癒工作的話，你必須要懂得如何把這些內耗平衡回來。至少，你要先守住一條最重要的基本原則：救急不救窮。

「智慧」會產生療癒

如果一個人的生病或受傷的狀況，是因為一種長久的惡性循環所致，而他又不願意去改變這個惡性循環，只是一直來跟你要能量的話，這個就是「窮」。如果你認為你應該要一直去給，而你又是常態性的在從事這樣的工作，你就會吸引來一堆想讓你一直去「救他們的窮」的人。於是你的能量漸漸就會被這些人所吸乾，甚至人家的「癌生態」都會被你吸收過來，使你也得到癌症。

為什麼呢？因為在別人的因果裡面，本來該他去還的「欠款」，既然你執意要當「金主」，那麼就會變成轉向你、來找你要了。如果在他真的很痛苦的時候，你用你的能量幫他救急一下，然後你就讓他去上課、去學習智慧，讓他自己透過下載「智慧的 **APP**」去轉變他的人生軌道，有這樣配套就是可以的、是安全的。

神佛也會透過一些方式去給人「救急」，例如透過冥想的加持、給予能量水或是其他的法門，但是祂們不會只做這些事。祂們知道：你要真正得到健康，就是要去提升自己的智慧，這樣你的五臟六腑才會在好的能量場下，形成一個善的循環。在這個善的循環下，原先很多的疾病就會自然痊癒了。

為什麼「智慧」會產生療癒呢？因為「智慧」就是一種「清楚」，這份清楚會使得我們不需要再把某些壓力，藏在身體的某些部位裡面；而身體中原先卡住的部分，也會重新流動開來，所以你的疾病就會開始自己痊癒。而隨著智慧的不斷提升，生活中原有的失衡與卡住會一一消失，你的人就會愈來愈亮、看起來愈來愈有精神。

在靈修圈裡面，很多人都會喜歡探訪所謂的「能量點」，雖然這些地理上的「能量點」是確實存在的，但是今天要告訴大家一個更重要的知識：「有大智慧在傳遞的地方」，其實是更強大的「能量點」。

例如佛陀說法的時候，那個集會的現場，其實比大家上山下海去找到的那些「能量點」，是更強大不知多少倍的「靈場」。因為在那個集會裡面，所流轉的是無上甚深的微妙智慧，誰能夠在裡面用心地去跟佛的教導「印心」——也就是用「心」去領會這些智慧，誰就正在為自己的疾病、痛苦、各種身心的束縛……做最根本的療癒與解脫。但不是只有兩千多年前釋迦牟尼佛的法會，才是這麼殊勝的靈場；就本質上來講，只要是一個有在運轉著像佛一樣的智慧的地方，那個地方就是很大的靈場。

為什麼形容它是一個「場」呢？如果你讀過一些佛經就會知道，佛經其實就是佛陀與僧團的集會紀錄。這些集會常常有很多其他的參與者，從有修有證的羅漢，到他方世界遠道前來的各路菩薩，他們也都參與了佛陀的一場場演說，在其中提問或發表心得。所以雖然是由佛陀主講，可是所有人在其中的討論與分享，都會交織成一股智慧的「上升氣流」，能讓所有與會的人，無論他現在是什麼程度，都能夠有很大的收穫。而人愈多、交流愈多，那個提升所有人的力量就愈周全、愈龐大，所以叫做一個「場」。

相較於以一個個人，總是 One by One 地用自身的「靈氣」去幫助另一個人，這個以大智慧去帶動起來的「靈場」，它的療癒力量是更驚人，而且又不會有耗損的。所以同樣的道理，你在一個有智慧的老師的課堂上，跟很多有心學習的人一起學習，跟你自己在家裡面看書、修行相比，所得到的效益也一樣不可以道里計。

現在有很多人因為怕麻煩、捨不得花錢或是種種因素，就告訴自己說：我在家裡面自己看書、自己冥想、自己念佛修行，也是可以的。當然，因為修行是你自己的事情，誰都會尊重你的選擇。可是你家裡的那個「場」，也許充滿了很多你跟家人糾結出來的負能量、充滿了很多你「東摸西摸」的能量影子，也充滿了你自己很主觀的想法與偏好……在這樣的環境條件下進行一個人的學習，與在一個「靈場」中被更多智慧的交織去啟動與撞擊，究竟哪一個才是事半功倍、會蒸蒸日上的成長方式？答案其實是很清楚的。

古人說「近朱者赤，近墨者黑。」其實不只是在告訴你「人要去接近好的人事物」，它更是在告訴你：學習也要選擇環境，你的學習才會「事半功倍」。這個「環境」以靈修的語彙來說，就是所謂的「能量場」。

你到好的能量場去學習，那不只是會學得更快、悟得更深，你的能量還會因為這個「場」而充電得更飽滿，也就是你的氣場就會變得更強大。那麼即使你回到你那個充滿負能量的家庭或職場去，你也會彷彿有一個更強大的防護罩，讓你可以不像以前那樣容易受到干擾、波動，一直被別人的負能量拉下去，而有能量在裡面做更好的因應和處理。於是你人生原來的坎坷與辛苦，就因為這些更有智慧的處理與應對，而逐漸解套、消失了。

「介入因果」是什麼？

接下來我們要來談另一個重點了。這是特別針對做心靈或身體的療癒工作而談的。我們要談所謂的「介入因果」是什麼？

關於「介入因果」，有兩件事是需要知道的。

首先，為什麼有句話說「因果循環」呢？就是在形容所有的事情，你現在所看到它「當下的樣子」，其實都是某一個「重複的循環」的一部分。既然如此，也就一定有某種動力一直在循環著它、推動著它。所以這個「當下的樣子」的背後，是有別的事物存在的。

例如你現在看到這個人有狀況，他在受苦，你很同情他「當下的樣子」，這雖然是一份很好的慈悲，然而這個當下的背後是有原因的，是有很多「推動力」在轉動的，這就是你要注意的了。用非常簡化的比喻來說：有一個人就是因為欠了別人的錢一直沒還，才會被追打到你這裡來的，那你現在希望他不要被打，債主自然就會看著你說，那你必須要替他還錢。所以當你說：「我不要讓這個人被打。」當下你就介入人家的因果了，那你得要有能力、有本錢去幫他還才行。這是你要考量的。

其次是，純粹就物質身體來說，任何人與人之間的接觸，能量都會雙向的「交流」，絕對不會只是單向的。也就是說，人與人接觸，一定會有一種「能量交換」存在。更何況當你用氣功、用靈氣、用「給予能量」的方式在接觸別人（包括遠距療癒）的時候，由於你的意願更是向對方開放的，你在開放你的能量場給予對方，所以這時候能量的交換就會更明顯。也就是說，那個接受靈氣的人，從你那裡接受了正能量；可是同時，你這個施氣者也會因為接觸對方，而接收到對方的負能量。所以其實你是會有所虧損的，那這也是另一種「介入因果」。

所以如果你是常態性的在做這類工作，你的德行或修行又沒有很好，那你身上的負能量就會愈卡愈多，而形成另一種形式的「蠟燭兩頭燒」。有很多身心靈工作者，他們其實並不忙碌，可是你看他們的神色卻總是有點憔悴，甚至自己偶爾會出現莫名其妙的低潮或意外，然後也得躲起來大休息一番。如果他還是很喜歡用這些法門去跟人家交流的話，這種狀況就會周而復始，然後漸漸加劇，因為他身上卡到的別人的因果，是會愈滾愈多的。

「卡到因果」就是你在「身心靈」的「靈」的這個部分，變得混濁不乾淨了。那雖然你的身和心本來是健康的，可是靈的不平衡，也會久而久之，讓你在身和心兩方面開始出差錯。（「靈」的不平衡所造成的影響是會比較晚呈現的。）

能量療癒要注意

所以你必須要知道，怎麼樣去把你的虧損再補回來，你才能夠再去幫助別人。通常你會需要有地方去讓你接收到更大的正能量，才能夠補得回來；這也就是為什麼古時候有很多「異能者」，他們要去住在所謂的「靈山勝境」裡面。然而，即便你住在靈山勝境，如果你的念是邪的，你接受到的也會是邪氣喔。

「如果你的心不正，你接收到的也會是邪氣。」這不只是說，你在執行這個法門的時候無法連結到正氣，而是指你平常的生活，如果你其實常常是在自私和自我裡面，你身上所具備的「氣」就不會是正的。所以像是「靈氣」這樣的法門，看起來好像人人可學，可是真正給出去的是什麼？這還是跟你的心性最有關係。

這跟很多人想去學通靈是一樣的，通靈本來就是人的本能，其實沒有什麼稀奇，可是當你還處在很想要自我證明的階段的時候，你收的訊息就不一定真的會對你好、也不一定對別人好。這些事情的道理其實都是一樣的：任何法門會有益處的先決條件，還是你個人的品格與修為。

所以反過來說，如果你是想接受療癒的人，例如你跑去找靈氣老師做靈氣；可是如果識人不清、找不對人，接受了人家的邪氣，那你花了錢還去接收人家的負能量，就真的叫做「賠了夫人又折兵」了。所以人的能量，最好不要偷懶地想去靠人家給，也不要隨便讓別人伸手進來拿。

所謂「不要隨便讓別人伸手進來拿」，就跟中樂透的道理是一樣的。大家都知道，如果你中了樂透，有很多親朋好友就會想伸手進來要錢。如果你沒有智慧去處理這些人情世故，你的錢被拿到後來，自己不僅會被榨乾，最後還會落得糾紛不斷，甚至惹上殺身之禍都有可能。

可是如果你有智慧，譬如說你中了一千萬，你分給父母親兩百萬，然後其他八百萬你懂得拿去投資，很快又賺回了一千萬，甚至是更多；那你有賺更多以後，才再去給誰一百萬、兩百萬，你也是OK的，因為你的財富更多了。可是如果你沒有這個智慧，比如說你有一個好賭的哥哥，他跑去跟地下錢莊借錢，簽了一張一千萬的借據；那你為了救他，就把這一千萬給他，於是你就一毛錢都沒有了。可是這樣做對你哥哥有沒有幫助？表面上似乎是暫時有幫助，然而以後呢？正因為你幫他解圍，他又去賭了。

所以高靈說，為什麼人要救急不救窮？為什麼自己要豐盛是很重要的？因為當你的內心真正有豐盛感時，你的人會亮、整個氣場就會飽滿，也就是你的防護罩會很強大。那你去給人家一點能量的時候，你也不太會虧，你還會是喜悅的；而且你的豐盛會讓你更有膽量、更有眼界去創造更多的豐盛，這樣你才能夠真的一直去提攜別人。

有很多人做身心靈工作，卻一直像在負債，就好像自己都沒有錢了，還去刷信用卡來借別人錢。所以做到後來，他自己就出狀況了，甚至就得到精神病了。那你說他為什麼要這樣？因為他透過他所謂的「幫助別人」，可以得到某種滿足。例如說被人家重視、被人家愛戴、被人家需要……可是那些重視和愛戴，其實都是「假」的。

為什麼是假的呢？因為就好像你領了一筆白花花的鈔票，然後在路上跟大家喊說：「誰需要？誰需要？」那當然一堆人都會跑過來說：「我真的需要、我好需要！」然後手就伸過來搶了。在這個其實是跑來搶東西、撈好處的心態裡面，有尊敬嗎？有重視嗎？有愛嗎？你其實根本是在被那些人掏空的。那為什麼可以比較肯定地這麼說呢？因為如果是心態比較健康的人，即便有人拿著錢在路上大放送，他也會覺得：「我還是不要讓自己有不勞而獲的心態，要錢的話，我是可以自己去賺的。」或是他會跟送錢的人說：「有什麼我可以去付出的嗎？我不想要不勞而獲。」

心靈圈有很多人就是像這樣，為了想被愛、被重視、想被肯定的渴望，在到處「兜售」著自己的能量和能力。他們認為自己是想去愛，覺得看見人家展露笑顏是很美好的。可是他的「吸引力法則」所召感來的那些看似可憐的人，其實都是以貪念在占用和吸取他的時間與能量的。

永久地「不需要療癒」的方法，只有提升智慧

所以實在來說，最好的靈性工作其實就是辦教育。佛陀的一生就是在辦教育。為什麼辦教育這麼可貴呢？因為透過啟發人們的智慧，讓他們可以去自癒的話，不僅作老師的不容易有自我，當學生的人也會往「我也可以成佛」的方向去開悟的。而佛陀辦教育的方式是建立了僧團，那個目的就是建立起一個能量場很強的「靈場」，讓人們可以藉由去親近、去參與，而在裡面得到更穩健、更不容易退轉的成長。這個大的靈場，讓即便是狀況很不好、很不健康的人去了，能量都可以在那裡得到轉化，提升他自己自我療癒的能力。

那你到佛的「靈場」去，要做的是什麼？你要做的就是所謂的「聽法」。就是透過老師和很多前輩的分享，懂得怎麼去幫助自己的身體、懂得怎麼去跟人家相處……等。那你就會愈來愈不會卡住，你的負面情緒就會愈來愈少，於是你的思惟就會愈寬廣、愈清楚，你的正能量就愈容易在你的身心靈中流動，外界的負能量就很難流動進來。

因此雖然高靈有時候也會以能量水的方式，讓有些人的身心靈問題暫時得到平衡、卸除痛苦，可是這個也是暫時的「救急」。就像你的腎功能發生了急性的症狀，你當然可以趕快透過洗腎去清洗掉血液中的毒素，度過這個關卡；可是終究要恢復你自身的腎功能，讓

它可以自行排毒、可以正常運作，才是治本之道。所以同樣的道理，身心靈有什麼疾病或問題，雖然有很多法門可以去幫你暫時回復正常運作，可是能夠讓你永久地「不需要療癒」的方法，終究只有你自己提升了智慧。

因此真正說起來，除非你學習智慧，否則其他任何人、任何法寶，也都只能夠對你「救急不救窮」。就像你去醫院看醫生，不也是如此嗎？你自己的生活習慣如果都一直不好，你一直生病去找他，他也只能一直開藥給你而已。如果藥吃到最後也沒有效，那就要開刀了；如果習慣還是不能改，身體開完刀還是會再度變壞，那就要再去動更大的刀了。可是你的一條小命能開幾次刀？

現在有一些無法治癒的疾病有家族遺傳性，大家都很怕；可是高靈也說過，如果你吃對食物的話，就算你有這些遺傳基因，那些疾病也不會被觸發。因為這些特定的養分能夠幫助你的身體形成一種能量場，是會讓這個遺傳因子不發生作用的。還有些食物你吃得對，你的五臟六腑會變成對彼此的「支援性」很強，也就是哪個臟器有狀況了，其他臟腑就能幫助它支撐過那個虧損，不會讓狀況擴大。所以懂得怎麼依照自己身體的需求與特質去吃，這也是智慧。那麼一個人去學習諸如此類的這些智慧，這才是可以「救窮」的，他的健康「存款」就能夠愈累積愈多。

反過來說，有很多家族性的遺傳疾病，為什麼真的會在家族裡面實現呢？因為同一個家族的人生活在同一個大環境裡面，常常很多觀念也雷同；甚至吃的東西、生活習慣也一樣，所以大家就一樣容易發病。

因此只有「清楚」，會成為你可以救你自己的「療癒」！也就是：不管家裡的其他人怎麼樣「日復一日」、怎麼樣「方便就好」，你都要獨立去清楚自己該吃什麼、不該吃什麼、該怎麼生活，甚至應該搬到哪裡去住才是適合的。如果你有去累積這些清楚，那就算家族中有很多人都發生了同樣的疾病，你也會因為這些清楚，而能夠保有健康的身體，連「療癒」都不需要。

讓你的人生「清楚」，才是真的有在「修行」

不過說得簡單，要找出能夠保有自己健康的「清楚」，其實是一個「大工程」。它是需要長期細心去覺察自己的身體變化，與所吃所用的東西之間的關係，才能愈來愈知道的。所以大部分的人就是「睜一隻眼、閉一隻眼」，過著「現在沒有病就好」的日子。等於說，大家連自己對待自己的方式，也是在「溫水煮青蛙」的；只要沒有立即的痛苦，他就丟著不管，只要習慣上比較方便，他就按照習慣來做。

所以什麼是「修行」呢？古人說的修行，就是去覺察自己的每一個習慣，會為自己帶來什麼樣的因果？然後身心有了狀況，又可以怎麼補、怎麼解？這個才是「修行」的真義。

其實「中醫」就是透過這樣的「修行」而發展出來的智慧。我們現在很多人不都受惠於前人累積出來的這些智慧嗎？像是針灸，它就是發現刺激某些點，可以提醒某些不工作的臟器或系統恢復工作，於是你原本身體的失調，就可以恢復平衡。也就是說，針灸就是去刺激你的身體，讓它自癒的。

再例如中醫說的「補氣」或「洩氣」。這個「補氣」也不一定是說，你的氣不足所以要補氣，有的時候是本來應該跑到胃的氣，結果卻跑到腳去了，那麼透過某些反射點的刺激，就可以把那個氣引回到它該去的地方，於是你的症狀就痊癒了。同樣地，氣功師父用手放在你身體的某些部位進行治療，跟針灸的原理也是一樣的；它有點像是一個放電，讓身體某些系統受到啟動，於是它又可以自行運作了。

所以你看，人是可以有這麼厲害的自癒能力的，而且也有這麼巧妙的方法，是可以去啟動它的，這些都是智慧。那麼人生中，還有多少事半功倍的途徑，是你可以去幫助你自己逢凶化吉、甚至心想事成的呢？倘若你願意對你的人生這麼去研究，這個才是真的有在「修行」喔！這也才是佛說，「無需外求，人人都可以成佛」的意思。那麼，你要不要走這條路呢？還是要一直覺得自己很渺小、很脆弱，事情發生了就只好交給手術檯、保險公司，然後在那邊手足無措呢？有些人總認為，他人生的不好都是被別人拉下去的，他總在怨恨，為什麼我的人生是這樣？我的家庭是這樣？這個社會是這樣？

其實，還不如問問自己：我願不願意就從現在開始，為我自己的未來，奉獻出更多的「修行」呢？

（註）請參閱《與佛對話》P.174第柒課〈有終極的解脫嗎？〉，章成、M. FAN著，商周出版。

☆什麼因果，讓人死後變成鬼？

鬼，並不是人死了以後才忽然變成的，一個人死了以後會變成鬼的條件是：他還在世的時候，已經「活得很像鬼」。

是因為有很強大的不甘心和執著，人死了以後才會「決定」成為鬼的。也許有人疑問：「怎麼會有人想決定成為鬼呢？」這是因為他心裡面「有一口氣嚥不下去」，所以就等於是做了一個決定，才會變成一個鬼的。

「不願意承認錯誤」的人……

然而，雖然人會成為鬼的因素，表面上是「強大的不甘心和執著」，但這背後還有一個更根本的原因，才會讓他走到這一步，這個原因就是他「不、願、意、承、認、錯、誤」。這才是人死後變成鬼真正的「因果」。

鬼都是從「不願意承認錯誤」的因果來的，比如說他生前的做人處事，明明侵犯了別人、對人家不公，或是造成別人的痛苦，可是每當別人有所反應的時候，他都會「見笑轉生氣」

（因為羞愧轉而生氣），那麼「這股氣」就是會讓他日後變成鬼的原因。

不願意承認錯誤的人，內在也知道是自己不對，知道他那樣子對人家不好，可是因為不願意承認錯誤，他就會有一種扭曲的僵持——也就是會有「一股氣」卡在能量裡。老是如此，久而久之，他就會演變成因為「這股氣」而去催眠自己、去扭曲事實與記憶，以便讓自己堅信自己的所作所為都沒有錯（這就是「變態」了）。於是他就等於是在「他催眠自己去看事情的那個角度」裡面，一直鑽牛角尖下去；就像一顆螺絲丁那樣，愈鑽愈深就會愈鎖愈緊，到後來便無法自拔了。

一個人已經形成這種狀態的時候，你只要想糾正他、規勸他，他都會馬上跟你槓上，堅決否認自己有你所說的心態或行為，還會反過來攻擊你。然後，為了證明他不是你說的那樣，他就會用他的扭曲去做很多事情，例如到處說你的壞話、努力去對別人製造好形象、到處說謊掩蓋事實等等。

可是他愈做這些事情，他就會愈不甘心，為什麼呢？因為就像俗話說的「你說了一個謊，就得再說十個謊去圓那個謊」，他的內在知道，這些「為了證明自己是對的」而去做的每一件事情，都要付出「成本」，其實都在損耗自己，所以每回他在用力地做這些反擊、否認、掩飾事情的同時，他又更不甘心了。因此這些事情，每一個都會變成一種形態的地獄，讓他在其中受苦著、消耗著、繼續感覺損失更大。而高靈說，這樣子的百轉千迴，就是「十八層地獄」的意思。

所以你要怎麼理解傳說中所謂的「十八層地獄」呢？意識到底是如何變現出這些地獄來的？這原理其實就像：你說了一個謊，結果後續就接二連三地說了十八個謊去圓那第一個謊一樣；由於在那十八個謊裡面，你必須費力地去演十八齣戲，而你會發現一個比一個更難演、一個比一個成本更高，於是這「十八齣戲」就形成了你的「十八層地獄」了（舞台劇「一僕二主」就是在演這樣的劇情）。

「十八層地獄」其實也就是十八種變態的行為，每一個都有其扭曲的心理機轉，若要細講，那會是一大本書，因此不在此深究。一直有在看我們的文章的人，大概都曾在不同的文章裡面看到這些不同的「惡性循環」的個別探討。

回到我們正在敘述的這個，因為不肯承認錯誤，而演變成活在「十八層地獄」裡的人。如果有一天，他又遇到跟別人發生比較大的衝突，而被逼著要去面對自己的錯誤，因為他極力否認、極力反擊且憤怒不已，結果一個神經線斷裂，他突然心臟病發作、或是一氣之下去跳樓，死了！那他就會把他的心境，帶到「間界」裡面。

腦海的執念一直在重複打轉……

所謂的「間界」，就是俗稱的「冥界」，人死了首先是會處身在這個「間界」當中的。

這個人（靈魂）到間界的時候，他的損失感會更加的巨大，因為他發現自己已經死了，連命都賠上了，所以他更會覺得「絕不跟誰誰誰善罷甘休」。可是你不用害怕，因為這樣的靈魂會一直在他的情境裡面打轉，就好像坐在一個地方「一直在想、一直在氣」的人，所以他會一直留在他死掉的地方，根本不會有任何行動。

這就是為什麼會有所謂的「鬼屋」。例如某個人因為恨某個人，他上吊死了，你會想，既然他那麼恨，變成了鬼，為什麼不去找那個害他的人，卻一直停留在他上吊的地方呢？這就是因為那個靈魂其實是深深地沉浸在自己的「重複播放」當中，像一個原地打轉的陀螺。所以「鬼屋」就是「有一個執念一直在那邊打轉的地方」，而不是死者留戀這個地方所以不離開（很多人誤以為，是因為死者對這個地方有感情之類的），其實是因為他自己一直在他的「腦海」裡面重複著那些情緒和事情，所以他實際上哪裡也沒有去，就好像一個陀螺一直在原地打轉。

那麼對於打轉不去的鬼，進行所謂的「超渡」，又是什麼意思呢？進行超渡究竟有沒有用呢？其實超渡用的經文，你如果把它的文言文翻成白話文去看的話，它整體的大意其實就是在說：「啊！你不要這麼固執，你不要這麼鑽牛角尖啦！你應該想想這個、想想那個……」所以「超渡」其實也等同於把一些有益的道理，透過一些配套，強力地重複勸說，試圖搖醒那個正鑽在自己牛角尖裡的靈魂。當這個鬼突然有一個瞬間，聽進去一句話的時候，他本來很封閉的能量漩渦，就會突然像是被戳出了一個破口，產生情緒的潰堤；他可能就會突然大哭，充滿了悔恨，卻也就得到了極大的釋放。

所以高靈說，超渡儀式進行之中或做完以後，如果有天線的人能感覺到「鬼哭神嚎」，那反而是表示那個鬼已經成功被超渡了；如果他還是在那邊打轉的話，因為他的不甘心或怨之氣依然，你可能只會感覺到種種不尋常的陰鬱靈異，或是根本不會感覺到有任何反應，那就表示那個鬼還是沒有聽進去，他根本就不為所動。

因此「超渡」是一門重要的學問，要怎麼樣才能打破那個鬼一直堅持對自己播放的「循環帶」？但這也不是今天的主題，就先不談。但是為什麼一旦他聽進去了，就會「鬼哭神嚎」呢？因為當那個鬼終於承認自己太笨了、太執著了、之前做那些事太不值了！好後悔自己為什麼為了爭那一口氣結果毀掉了種種……時，因為又知道自己已經死了，已經整個失去這個人生了，所以會產生極大的悲傷。

有些喪禮裡面，有的家屬會因為感染到死者靈魂的這種極大的悔恨能量，而哭出一種「應該是屬於死者本人的哭」，這種撕心裂肺的哭法會震撼到全場，甚至那個人還會哭到昏過去，可是之後他自己也會覺得剛剛有點奇怪，因為親人過世雖然是很難過，但剛剛那個傷心，也強烈到不太像是自己的難過了。其實那確實不是他自己的悲傷，而是死者的悔恨爆發出來，那能量影響到他了。

這種「屬於死者本人的哭」是可以辨認的，它翻譯成語言就像是說：「我好後悔自己以前為什麼會那樣做，如果早知道我也……可是為什麼就不能再給我一次機會，一定得要我死掉呢……」這跟生者傷心難過的哭，意味是很不一樣的。相信這樣解釋以後，有些人會對自己曾有過的經驗感到豁然明白。

那麼，當這個靈魂終於情緒大潰堤了，雖然他的意思好像在懊悔上天不再給他機會，但其實就是承認他錯了，而這種哭是會非常激動的，因為天人永隔了，再也沒有機會了，那是一個很大的悲哀；但由於這個悔恨是死者生前一直在否認、壓抑的部分，所以承認的同時，也使死者得到一種很大的情緒釋放。

因此在超渡法會的時候，如果你好像感覺到有人在哭，有一種這樣的「能量感覺」，那就是那個鬼終於懺悔了，超渡成功了，那個打轉不去的能量就會消散了。這個能量消散以後，接下來這個靈魂要去哪裡，會有什麼神、佛來接引，那就是另一個主題，也不是今天要講的。

無法判斷是非對錯……

今天要讓大家了解的就是：所謂大家認知的那種，會一直待在同一個地方，沒有去投胎的鬼，究竟是怎麼形成的？所以一個人要怎樣不會變成鬼呢？

高靈說：「心存善念，福氣綿延。」

如果你平常對人對事真的都有用善念去做，你是絕對不會成為一個鬼的。而反過來的話，就是會「夜路走多碰到鬼」了；如果你平常就是心眼壞，對別人很計較、老跟人家針鋒相對、心裡面一堆貪嗔癡……那你就很可能碰到鬼。所謂「碰到鬼」是什麼意思呢？這裡又要講到另外一個現象了，就是人家說的「抓交替」，「抓交替」是最容易發生在已經活得像鬼的人的身上。

另一篇文章講的「鬼打牆」（註1），提到人會被無形界的心念玩弄，這個「無形界」是層次比較低的靈，而其中有一大領域，就是「鬼界」，而所謂的「玩弄」，比較厲害的就是鬼界眾生的「抓交替」。

例如有的人會一再聽到自己的內心有個聲音叫自己去死、去跳樓、去殺人等等，而且這個聲音時不時地就會突然跑出來，然後有一天他真的就從窗戶一躍而下（或去殺人）了，這就是「鬼界」的眾生，在誘導那個人走向滅亡，成為另一個鬼，然後他就可以讓這個新的鬼去接替他在鬼界裡的某個苦差事，讓自己有機會脫身（鬼界是個像幫派那樣的架構，他們在陽間的辦事處就是「陰廟」），這又比較複雜，也暫不深談。

簡單說，當一個人活著的時候，他的頻率已經接近鬼界的頻率的時候，鬼界的眾生就有機會可以抓他了。那你怎麼去判斷一個人的頻率是否接近鬼呢？當一個人的行徑已經像鬼一樣時，你會看到他已經沒有辦法判斷是非對錯，他做事的動機都是因為他的貪嗔癡在推動的。如果你不是這樣的人，抓交替是抓不了你的，因為鬼界的意念是無法侵入你的內心，取代你的良知，然後引導你走向滅亡。

所以生活中你也要能夠判斷，哪些人活得像鬼，你就要保持距離；哪些人活得像佛，那你就要去學習。如果你都不懂得分辨，渾渾噩噩沒有往更高的智慧去學習，你會發現一個徵兆就是：你的生活會愈過愈像「八點檔」，情緒戲碼愈來愈多。那你就要知道，其實你的心已經在「壞掉了」。所謂「壞掉」是指，你已經搞不清楚自己應該往哪裡去，生活只是一直在各種事情裡面跟人家有情緒、跟人家搞不好，那麼這些紛紛擾擾不單是在現在，也將會延續到你的未來，所以你已經在「壞掉了」。

一直在怨懟、不甘心……

像有些夫妻本來相處得還好，可是日子一久、積怨一多，因著「孕婦效應」，對方的缺點也愈來愈被自己放大，結果因為你一直在看人家壞的地方，所以自己脾氣也一樣愈變愈壞，到後來兩個人真的已經不知道為什麼要結這個婚了？每天都在被情緒拉著走、吵鬧、賭氣，甚至有時吵完架還會有想死的念頭（或希望對方去死），那麼其實你們的頻率已經在這個互相拉扯中，不知不覺也走向鬼的頻率了。

如果你看到自己正在往這個方向走，並且已經有點難以自拔的話，奉勸你趕快來上課，學習怎麼真正放過自己。因為這種一直在怨懟的人生，就像是一直在給自己插刀。為什麼呢？當你在嫌棄別人的時候，傷害最大的其實是你自己，因為每一次你在嫌、在罵的時候，當下你對你自己人生的不甘心，就立刻又增加一分，這不就是在給自己插刀嗎？一直在討厭這個、討厭那個的人，他讓誰最難受？他讓自己最難受；而半夜誰最睡不著覺？就是他自己最睡不著覺！睡不著是很痛苦的一件事不是嗎？本來你該休息、該補充能量，可是你卻沒辦法，這不就像你應該要吃飯，而你卻沒有吃，是不是很餓很難過呢？

如果你不趕緊告訴自己要回頭是岸，任自己繼續怨懟下去，以後勸你來學習，你也不會來了，因為以後的你，是會把所有事情都自我催眠成「我沒有錯，都是別人的錯」的，到那個時候，你跟前面說的在打轉的「鬼」，其實就已經是一樣的能量狀態了；而那就必須等到，除非你的人生出現了非常重大的打擊，你真的已經完全不行了，才有可能聽進人家的苦勸。只是到那時你將會說：「唉，我如果早一點聽到這個道理就好了。」然而走到這步田地，你已經付出了多大的人生成本了？

這也就是為什麼高靈說，所謂的上課，就是在學習「早知道」，你要能夠看到三年後、五年後甚至十年後的自己，然後你才真的會知道你現在應該怎麼做、可以怎麼做，讓你的未來不一樣，而能夠有這樣的清楚，才叫做「有覺醒」。

「覺醒」就是你可以知道利害輕重、你可以承認錯誤，甚至是能夠看到感謝，而回到善念去推己及人，有同理心，這樣你的人生一定會「福氣綿延」；可是如果是像現在很多人的心態：你刮到我的車了，那我也不用管你那麼多，我也要以牙還牙……那就變成是拿刀插自己，會很得不償失的。因為你的人生會在這種情緒裡面慢慢掉入「地獄模式」，讓自己開始變成「鬼」而不自知。在這情緒中即便有別人好心規勸他，他也會說：「你懂什麼！」其實這個「不聽勸」，就是他的內在有一個「鬼」，他自己已經控制不了了。然後如果累積到後來發生了較大的事情，他的怨恨和不甘心就真的可能讓他一時衝動，做出跟人家同歸於盡，或是自己跑去跳樓的事情，然後他就真的變成間界中的鬼了。

高靈說，有的鬼在那個原地打轉，甚至可以轉個一兩千年，可是別人在這一兩千年裡面，早就又去經歷過幾百世的輪迴，去看過多少風景、學到多少智慧了，所以人生何苦如此停滯不前呢？說到底，就是因為太多事情不去清楚，卻自己在那裡自憐自怨，覺得冤屈、覺得不甘心的緣故。

因此，如果在生活中，你常常覺得有一些事情讓你不甘心，即使自己看書、看文章之後，也沒有辦法自己處理，那你就要趕快來學習智慧，因為這是你自己的人生，不是別人的，你想要自己的人生好，就要為自己負責。以前的佛法如果你聽不懂，那麼重新用現代的語言所講的佛法，你是聽得懂的，那就要虛心求教，這才是能使你人生更好的決定。

回頭是岸：感謝＋反省＝奉獻

最後我們做個總結：人為什麼會變成鬼？就是生前一直都有「不願意承認錯誤」的習性，就算人家有給他提醒了，他是從來不會感謝的，他總是要捍衛自己的面子說：「我又沒有錯！你幹嘛那樣說我？」其實真相是：因為他有很多的貪嗔癡（很多的放不下），藏在他的所做所為背後，所以他不願意認錯，這樣「地獄模式」也就對他開啟了，也就是他的內在會一直在衝突和分裂當中，既與外在敵對，也一直在給自己插刀。

而如果人在因羞愧而生氣的那一刻，懂得「反省」的話，就會消除掉「死後成為鬼」的因果；不但如此，就如同〈如何成功脫離鬼打牆〉一文裡面說的，「反省」還會一直提升你，使你成為最好的自己。即使是已經成為了鬼，如果他願意去「感謝、反省」，感謝別人對他的等待、包容，反省自己的錯誤和責任，那他的內在也會生出一種光明的力量，讓他會去對自己、對別人做對的事情（而這就是「奉獻」），那他這股「鬼」的封閉能量，無論轉了一千年、一萬年，也能夠立刻瓦解的。

這就是「回頭是岸」的意義。

人要沉淪，其實速度是比較慢的，但若一朝下了要回頭的決心，你會發現人生境遇的改變，也會比你想像的更快！所以「感謝＋反省＝奉獻」（註2）這個程式，它叫做「天堂模式」，因為在較高頻率運作的因果，一定會強過在較低頻率運作的業力，所以實踐「感謝＋反省＝奉獻」，它會讓任何負面的因果都消除，使你愈來愈往上走，直到變得非常豐盛。

（註1）延伸閱讀：〈如何成功脫離鬼打牆？〉，參見《讓我的功課，變成我的精采》，章成著，商周出版。

（註2）「感謝＋反省＝奉獻」，被形容為「開啟五次元意識的鑰匙」，詳細的實踐方式請參閱《奉獻》一書，章成、**M．FAN** 著，商周出版。

☆「被鬼附身」是什麼情形？就像衣服絞進手扶梯

「被鬼附身」到底是什麼情形呢？農曆七月上映的鬼片或是大家愛傳的鬼故事，通常把它描繪得太過誇張和靈異，其實在真實世界中的「被鬼附身」，你只會驚鴻一瞥地遇見，甚至於發生了以後，自己根本不知道，原來那就是被鬼附身所產生的現象。

比如說看到別人站在月台上等火車，突然心裡就有一個聲音叫你把人家推下去，或是突然覺得自己想要從月台跳下去！這種太離譜到連自己都會嚇一跳的可怕念頭，才是真實世界裡「被鬼附身」，比較常見的「驚鴻一瞥」。

情緒不好，內在會向較低訊息開放

那「鬼」是什麼呢？鬼就是空間中本來就存在的那些「比較低的雜訊」。我們的空間中其實充滿了各種波動，大家都在釋放各種訊息（念），當你跟某些波動的頻率比較接近的時候，這個領域裡的念就容易被你接收到，或是說容易去影響你；而「鬼」，就是空間中層次比較低的意識波動。

一般人身心比較健康的時候，由於與鬼的頻率差距很大，所以彼此就會像是兩條平行線不會有所交集；可是當有的人的心靈狀態不健康到一個程度時，他與鬼的頻率就會有交疊的可能。而鬼的能量形態是怎樣的呢？可以形容為一台「絞肉機」，也就是如果發生「被鬼附身」的狀況時，你會感受到一股難以控制的拉力，要把你擄進地獄般的惡念裡，讓你想去做自毀毀人的行為。所以明明你也不認識月台上那個人，可是竟然就會忽然有一個可怕的衝動想要把他推下去。有些真的犯下這種罪行的人事後會說，有一個聲音叫他這麼做，好像在逃避責任似的，其實那就是被鬼上身了。

所以就像是大多數人在白貨公司踩手扶梯那樣，照理說是不會有事的，可是真的就是有人居然會發生那種，鞋子或褲腳被電扶梯捲進去的恐怖事件。然而如果你還原那個現場去看，就會發現，通常那個被捲進去的人，其實已經做出了一些危險姿勢，只是自己沒有注意到而已，否則衣褲鞋子要去被電扶梯夾縫捲到的機率，是微乎其微的；同樣的道理，會被鬼附身的人，也是因為他們已經在人生態度上接近了一些「危險邊緣」，所以本來是不會有交集的事情，才會發生在他們身上。

那麼，哪些人容易發生被鬼上身的狀況呢？高靈說，基本上都是情緒不好的人；而情緒不好又克制力差的話，就會成為鬼最容易去附身的對象。

首先，情緒不好的人，常常容易被激怒，或是感覺到憤怒，但是「火大之後就是悲哀」；

人在憤怒之後，心情反而會掉入無奈想哭的狀態，就好像是被欺負了、損失非常大的感覺。這種「無奈想哭」的脆弱感，是能量低暗的狀態，便會讓自己的內在變成一個向較低訊息開放的「大染缸」，容易招致各種雜訊進入。而當一個人常常情緒不好、克制力又差的時候，鬼就會發現，自己的意念是可以去影響他心念的波動的，那他們就會把他鎖定為，可以把他「絞進去」的目標了。

好強，心念會把失意的挫敗感放大千百倍

那麼哪些人算是「克制力差」的呢？第一種是，常常在跟人家發生衝突、吵架的時候，有撂狠話習慣的人。例如吵架的時候喜歡說「不然你想怎麼樣？」、「老娘跟你拼了」之類的話，也就是常常會使出一種「要跟人家拼了」的態勢。有這種習慣的人，就屬於克制力比較差的，這類型的人要很注意自己的心念，因為你就比較容易發生「被鬼推一把」，「那時不知道為什麼自己就突然失控」的狀況。

另一種克制力差的人，是平常就有一種「我想怎樣就要怎樣」的個性，而這又分成兩種。一種是很明顯地總是很衝動，或是他會形容自己是「敢愛敢恨」類型的人，可是其實他就是個：情緒一來，任誰都拿他沒辦法的人。這種很外顯的「克制力差」，是大家很容易辨認出來的。可是另一種「克制力差」的類型則是很隱性，甚至表面上看起來根本不會讓你

有這種感覺，那就是好強、常常是為了面子去做事情的人。

好強的人不是很能撐嗎？為何竟然也叫做「克制力差」呢？因為那個「很能撐」其實也是潛藏著「老娘跟你拼了」的心情。好強的人，當他心裡想要怎麼樣的時候，他就必須要去達到，好像有一種強迫性，達不到的話，他會很難過；因此就算外表彬彬有禮，他的內心其實還是在處心積慮地，一直為了那些「別人刺激到他」的情緒去做事，所以常常他做事的目的，就是要去「證明給誰看」、「一雪前恥」、「討個公道」或「報一箭之仇」……等，這些都是情緒不好，又克制力差的表徵，只不過是隱藏版的。

克制力差的人，無論哪一型，都容易在人生失意的時候，被鬼影響他的心念，把他失意的挫敗感放大一百倍、一千倍，讓他發生諸如「一時氣憤就從樓上跳下去」的憾事。比如一個自尊心很強的女生被男友拋棄了，她就會愈想愈覺得自己被欺騙得好慘，愈想愈覺得自己的遭遇非常不堪，也許對方其實也有做過一些對她好的事情，可是她就會全部選擇性遺忘。接著想死的念頭就開始常常出現在她的腦海中，但她並不是真的想死，只是一種情緒性的宣洩或表達而已。可是有一天，當鬼的意念（能量）疊進了她的想死念頭，然後像音響的音量旋扭，突然間向她轉大的時候，她一個歇斯底里就跳樓了，那這個其實可以說，就是鬼把她推下去的。

做虧心事，會被低頻影響心智

另外有一種也容易被鬼上身的人，就是神棍，所謂神棍就是靠裝神弄鬼在賺錢、發展的人。本來他是裝的，但為什麼後來會變成真的被鬼附身呢？因為他在裝神弄鬼的時候，他自己知道那個是假的，而這個「知道」在內心深處，就變成了「心裡有虧」；當他「有虧」的時候，他的陽氣就會衰弱（或說「靈魂的三把火」變弱了），所以他的頻率就會一直降低，那些鬼的頻率就可以靠過來開始影響他的心智。

同理，任何人做了虧心事，這個「虧」都是有損陰德的。有虧就會精神不穩、半夜睡不著；睡不著的話，他的磁場能量就會愈來愈低，於是他的「吸引力法則」就會一直朝向負面的事物去吸引（這樣的人會散發出「濁氣」，而「濁氣」也能從面相上略窺一二），所以有一天他一定會「夜路走多遇到鬼」。

另一些通靈人不是在裝神弄鬼，是真的可以收到訊息，可是他們也會被鬼上身。那種則是因為自己人生的功課還沒修好，心裡面其實是對很多事情都不滿，貪嗔癡還很旺盛；然而他想要利用先天帶來的通靈能力去證明自己，或是去得到名利，所以就會介入很多不該介入的因果，導致自己身心狀態愈來愈不健康（會有濁氣而面色萎靡、可怖），收到的訊息也會愈來愈偏邪。

然而你所遇到的通靈人，他的通靈到底清不清明？健不健康？其實以大部分人的能量，是可以感覺得出來的，只要自己不貪求怪奇，應該是可以分辨的了的。（表現出的戲劇性愈強、愈是講得神佛滿天飛的通靈人，你都要愈加留意，或是以面相來覺察，也可辨明清濁。）

不過，對於走偏了的人，如果是還比較有福氣的，高靈也會去「修理」他，也有這樣的情形。比如說有個人想去偷錢，高靈也可以影響他的心念，讓那個錢顯現出好像很容易偷的樣子，然後等到他偷到那個錢回家一看，怎麼竟然是冥紙呢？可是努力去回想，會覺得明明當時看到的就是錢啊？如果你有類似的經驗（偷雞不著蝕把米），那還是要恭喜你，因為這表示神有在點化你，並且告訴你，這個世界是有「神」的，千萬不能做虧心事。

其實很多人對於神的存在深信不疑，正是因為他們有過自己沒有告訴別人的「被提醒」的親身經歷。確實，神會透過很多事情給你提醒，希望你反省了之後，能夠往更好的方向去走。只是人的貪念常會選擇假裝沒看到，故意把這些提醒給忽略了，等後悔的事情發生了以後再回過頭去看，才會承認：其實之前已經有好幾次的（Hint）提示，就像手指那樣把問題指給你看了。

高靈說，這些提醒才是真正的「神蹟」，才是神對世人的溫柔；如果是突然中大樂透，或一夕爆紅這些事情發生，你反而不必歸功於神蹟，因為那百分之九十九是有一個大功課或一張大考卷藏在裡面，等著你去做的。

你的情緒狀態，決定你會不會「被鬼附身」

最後，再將主題拉回來。雖然在這個世界上，鬼確實是有的，但基本上你在人間沒有把自己「活得像鬼」的話，他們要影響你也是很不容易的。只要你的能量明亮、心情喜悅，那麼他們跟你就會是兩條平行線，不會有所交集，你也不用去擔心所謂的「鬼月」。換句話說，「被鬼附身」這件事和每一個人的交集點，就在於「你的情緒狀態」，因此去修練自己的情緒是很重要的。

但所謂的「去修練情緒」，並不是一直告訴自己「我不要有情緒」，這是沒有用的。試想：假如一個人平常不修智慧，生活中真的就一直被別人占便宜，那他能不一直累積情緒嗎？你勸他說，有情緒對自己不好，要看開一點，這有用嗎？所以所謂的「修練情緒」，就是要去學習智慧；智慧是「了解的能力」和「處理的能力」的綜合。

例如了解自己的立場、了解別人的立場，了解彼此實際上的相對位置存在著什麼落差、異同……等，透過這些了解，才能自然而然地消弭情緒；此外，不管別人對你所做的行為是「故意」還是「不是故意」的，如果透過學習智慧，你有能力事先預防得了，或是在當下可以閃得過去，那麼你自然也沒有必要有情緒了。所以「修練情緒」是要「對人間的各種事情，有去修習智慧」，而不單單是針對「情緒」的本身去接納、釋放或是採取任何技術性的處理，那都是治標不治本。

最後解答一個很多人不了解的問題：鬼不是也活得很不開心嗎？那他為什麼不會想要趕快重新去投胎（等於重新開始），而要一直在那裡鬼哭神嚎呢？

高靈說，這就像：有的人過得很不好，於是你就很誠心地想推薦給他幾本談到他的問題的好書，希望可以幫助他，可是那個人卻總是嘆口氣，說他沒心情讀、看不下去，連試都不試就拒絕了……這其中的道理是一樣的。

雖然有「回頭是岸」這回事，但一旦投生到鬼胎裡，是很不容易脫離出來的，他們通常要經過漫長歲月的孤寂與清冷，直到一個自己再也受不了的時刻，才會願意回頭——而且也可能只是短暫地回頭一下下，然後又故態復萌。

就像有的人還在活著的時候就已經很固著於他的哀哀怨怨裡面，他內心強烈的不甘心，就讓他如同鬼魂似地活在人間，不再有前進的動力，所以你是很難去動他分毫的。甚至於，想去對他伸出援手的人，還會感覺有一個漩渦要把你拉進去，就像手扶梯居然咬住了你的褲腳，要架著你沒入恐怖的地下。

想拯救「對方的狀況」，其實是你自己內在的鏡射

所以這文章的最後，我們點到為止地提醒：當你可憐著一個——活在「可憐著自己的過去」裡面的靈魂——的時候，你其實要非常小心，因為那個人並不是如你所見的「可憐」而已，在那個表象之下，還有一台非常暴力，會將你的救援之手吸入的「能量絞肉機」存在。一旦你的手絞進去了，那接下來就是你的手臂、你的肩膀，直到你的全身都賠了進去……而那個力道是相當巨大的。所以，請保持距離！

如果你就是無法放得下他，那麼建議你可以往你的內心看進去，你就會看到對方的狀況，其實是你自己內在的鏡射（你內在的外顯），也就是你是有著「害怕自己也會跟他有一樣下場」的敏感意識的，所以才會那麼放不下地受到對方的牽動。也就是說，你的內心深處有一個部分，也藏著一個正在可憐自己的小漩渦，而你想救的那個人，其實就是這個部分的誇大（更不堪的）版本。

那麼意識到這個以後，你就會知道，其實你應該做的是先花功夫在自己的身上，真真實實度化自己這個部分，那這樣你才會真的知道，對於你放不下的那個人，該怎麼去幫助他，才能夠真的去創造生命成長的雙贏，而不會再落入雙輸之中。

☆怎樣化解「因果病」

「因果病」，到底要怎麼去理解？很多人以一種彷彿「原罪」的概念去看待它，也許在前世自己做了什麼壞事，所以現在必須承受著自己無法解決的痛苦。

其實並非如此，「因果病」甚至可以簡單地說，就是人先天帶來的，要去改變的習慣。

明明知道不該再做，還是因循苟且……

高靈說，既然你已經來到這個地球，你就有先天帶來的，要去改變和調整的功課。所謂的「因」，包括了先天生理上的基因、先天心理上的個性，這些反映了我們在輪迴中演化到現在，自己靈魂的素質；而今生我們外在的境遇則是「果」，是可以用來幫助我們認識這個「因」，給我們機會去改變這個「因」的。而一旦「因」改變了，「果」也會跟著改變。

那麼「病」又是什麼呢？

接下來用一個例子，讓大家能夠去意會：在上一篇文章〈「被鬼附身」是什麼情形？就像衣服絞進手扶梯〉裡我們曾說，有些通靈人去幫助別人，後來自己卻會發生問題，是因為他先天上有一些習性，這些習性會造成他在幫助別人的過程中，自己的貪、嗔、癡跑出來了。那麼為了讓他有機會去改變，神就會去「修理他」，也就是透過一些狀況的發生來提醒他，不能夠這樣或那樣做。

那他雖然也感受到有神在提醒，可是心裡有的時候卻還是會有這樣的想法：「不好意思啦！我這次頭都洗下去了，請神明再給我通融一次……」高靈說，什麼是因果病呢？這個「再給我通融一次」的心態，其實就是「因果病」。

為什麼呢？因為明明不該再做的事情，為何這次還是要因循？就是來自於他的習慣，所以這就是因果病。高靈說，所謂的「覺醒」，請大家不要高來高去的去談，「覺醒」講的就是「要去看到自己的因循」。

例如有的通靈人他明明比一般人更知道有神，可是他還是要去貪，他在心裡跟神明說：「這次就饒過我一次，下次我不敢了。」其實這種想法就是因果病的現前。但神真的很溫柔，祂真的會通融他，而且還是會繼續用各種方式提醒他要「心存善念，福氣綿延」。可是每通融一次，這個人的因果業力也會更為加重，而當他的因果業力加重，他大翻船的時間也愈提前——也就是那種會造成他很大的損失、痛徹心扉的事就會提前發生——到時候他就會後悔之前每一次自己對自己的「通融」。

所謂神的通融，是人雖然犯錯了、走偏了，但祂會將你的損失保護在一個範圍內，然後給你提醒，讓你有機會能夠即時回頭。然而神其實是知道這次通融你，你是會變得更好還是更壞的，如果你其實是會變得更壞，祂還是有可能通融你；但像這樣的情形，你就會發現，不久之後，你會在別人的事情上看到一些跟你狀況類似例子，卻有很糟的下場（例如從新聞報導、或是周遭認識的人那裡），讓你更強烈地感覺到不能夠再這樣做。

總而言之，當你做了一些不對的事情，除了你自己內心也覺得不好，神也會透過一些事情來告訴你這是需要調整的，任何人都是這樣受到眷顧的，只是不同的人被提醒的方式不一樣，但那一定是以當事者自己會有感覺的方式去提醒。也許是突然聽到走過的路人講了一句什麼話、也許是今天就突然發生了一個小狀況……如果你去對應那個心裡面正覺得「有虧」的事情，你就會很明白，那真的是在給你提醒，這就是神的溫柔，這其實就是神在對你說話。

如果你跟神講說希望這一次能夠通融你，而你果然平安過關了，在過關的同時你也有懺悔，決定不再去犯同樣的錯，甚至去做一些事情來彌補，那這樣你的因果業力就不會再加重。

只可惜有的人心態上是「皮」的，例如這次過關沒事了以後，他又依然故我，繼續一次又一次地跟著貪念去拿不應該拿的東西，也選擇去忽略在生活中神給他的提醒；那麼表面上看起來一直都還沒事，可是未來神給他的提醒，就會變得很大，會逼得他不去改變不行，到那個時候，這個人就會非常後悔地覺得：「早知道不要這樣就好了！」

所以如果你向上天說，希望通融你這次，可是之後你並沒有懺悔改過的話，其實你的業力是更加重的；也就是說，日後神就會對你「下重藥」，讓你去觸及那種「會痛」的經歷，但雖然是會痛，還是會維持在一個讓你仍然可以學習的範圍之內。

會一犯再犯的那個一直不改的習慣……

以上講的這些，是在一個人的心是比較善，只是一直會去因循一些不健康的「習慣」的狀況下，神的處理方式；可是如果連他的心都已經變壞了，就是已經從「皮」變成「故意去跟自己的良知背道而馳」，那麼有的人，神就會讓他發生非常重大的事故，或是直接把他「收回去」。（重要附註：這個邏輯不能反推。）

像目前的社會，大家都看到所謂的「三寶」很多，可是其實同時也有很多「三寶」被收回去了。有的人會說：「怎麼會呢？他很乖呀、很有禮貌啊，怎麼會就這樣走了……」可是他真正的行為模式與存心是什麼？答案只有當事人自己知道。

剛剛講的訊息，是講一個神的處理的大方向，請大家不要針對個別狀況去評斷什麼。講這些的用意是讓看的人了解有這麼一回事，也就是當人在做「明明自己也知道不對的事情」的時候，因為害怕會出狀況，很多人就會在內心裡面跟上天請求一種通融（無論他平常信不信神）；而高靈的意思就是告訴你，神是真的存在的，也真的是會給出通融，保護你在一定的損失範圍之內。但你既然希望能夠得到某種通融，那你就要真心去懺悔、去改你的這個「因果病」，不然你不只不會一次一次僥倖過關，還會讓嚴重的後果愈來愈提早發生。

所以「因果病」是什麼呢？那個「病」就是：你自己會一犯再犯的事情裡面，那個一直不改的習慣。因此所謂因果病的療癒，就好像你本來一直在酗酒，或是總是酒後駕車，或是總是寅吃卯糧，可是你終於下定決心把它戒了、改了，那你就是勾消了那個「因果」。

關卡，是人生的考試卷

說到這裡，附帶就可以解釋命理中所謂的「你幾歲幾歲會遇到一個『關卡』」，這種情形到底是怎麼回事？人生是有一種階段性的，就像命理中說的「十年大運」，每次在你來到一個階段的結束時，這裡面沒有通過的功課，就會有一種類似於「期中考」那樣的、比較大的考試卷會出現，這仍是神在安排的，也是神的溫柔。所謂的「考試卷」，就是「以覺醒的教育為目的，而給予的狀況題」，只是這次出的事情會比平時來的大，因此被命理詮釋成為一個「關」。

所以命理談到的關卡，其實並不是一個因為你活到了幾歲所以就會遇到的「不順利」，而是神的世界對於每一個人，在你這一世來學習的歷程裡，每隔一段時間，就會給予你一次比較大的「提醒」，就像一個階段性的「盤點」，用意是「比較強調地提醒你」去注意你的前一段生命經歷裡，你一直縱容的小過小錯，或一直在拖延的功課。

尤其如果你上一個階段的這些小過小錯，其發展趨勢有呈現出「下一個階段你的心性將因此走偏更多」的話，那麼這個「關」所出現的困難就會比較大；但是所謂的大，也主要是以能夠讓你看到問題、讓你有機會去反省修改為主，不至於會讓你的人生就因此走不下去。

在面對這個階段性的考卷時，你是否能夠過關，端看你能不能回到「心」，也就是回到真誠和善念去面對，如果沒有回到「心存善念」去作答的話，這個結果則是可大可小。「可小」的話，也會比你平常的狀況要大，會讓你損失比較多；「可大」的話，甚至有的人會直接「GG了」，重新投胎去。

實務上說，通常也就是你在人生某個階段結束的前後，容易發生比平常大的意外，例如有人會在退休時間的前後忽然生大病，或是結婚前忽然事業發生危機等等。這些就外人來看，會覺得是一種無常，或許很同情你；可是你如果回到自己的「心」，你會知道，除了外在的因緣條件之外，你自己其實是有責任的，那裡面其實是有你一直沒有真正去面對、去改變的「因果病」，所以才會出這樣的事情。

但如果你平常都有在覺醒，對於自己的過錯有在懺悔、有在留心修正的話，那些人家說你幾歲會碰到的關卡，也可能什麼事都沒發生，或者只是發生一個小小的狀況而已。這就是為什麼有人說「平常有在修的人，人生比較不會遇到太大的事情」，道理就在此。

不過所謂的「有在修」，也是要有「清楚」在裡面的那種「修」才算，不然的話，有的人根本只是表面上有那個修行人的樣子，實際上卻根本在擺爛，那神也會在你的「修行生涯」裡面，讓你的問題點蹦出來。例如你跑去出家，可是你根本是在裡面「要」，不是在裡面「奉獻」的，那階段性的時間點來到的時候，你的醜態也會被爆出來，讓你失去名聲，不得不去面對。

同樣的，有的人走入身心靈工作，本來的初衷是真的想幫助人的，但漸漸他的自我在裡面膨脹以後，就變成是以貪欲在做事，在編織自己的未來，那麼他有一天就一定會撞到一座冰山，然後大翻船。

化解「因果病」，是在準備足以讓未來步步高升的「德行和智慧」

一步一腳印、實實在在做事的人，有時會感嘆，有些人靠著投機不實的操作，很快變得風風光光；可是你千萬不要只看他的現在，因為他的人生走到一個階段，就會突然一個跟斗整個栽下去的，到時候他就只能從頭開始了。

所以如果沒有真正的德行和智慧的話，任何快速的擴展、爆紅的風光或意外的獲得，例如突然得到很大的工作機會、突然中了大樂透等等，其實都是很大的考驗，背後都藏著很大的考卷。除非你的智慧足以駕馭這些事情即將帶來的一切，那你就可以順著浪頭上去了，否則你上去不久，反而會重重的摔下來，摔得比原先還低，這就是「水能載舟，亦能覆舟」的意思。所以關鍵就在於你是不是「有德行和智慧」，可是這個「德行和智慧」要怎麼來呢？其實也就是要看你的「因果病」，在平常的時候面對了沒？改變了沒？

有句話說「千金難買早知道」，大家來諮詢或上課，目的就是想要那個「早知道」，那麼，那個「早知道」可以做什麼呢？其實就是透過「早知道」，去及早化解你的「因果病」；所以你來上課，一言以蔽之，就是在化解自己的因果病。例如當你透過學習，了解了很多事情以後，你就會開始看到你以前看不到的「因果」，於是你就會驚覺：「我本來以為這樣做沒有關係，可是現在我才知道，原來我這樣做，別人是會那樣看待我的，原來這樣做對我根本是不划算的。」

你看到了自己的誤區，你就自然不想再這麼做，那你就會開始有意識地去改變你的個性和習慣（當然這也要有方法循序漸進），然後你的「因果病」就像漸漸失去水氣的烏雲，它就不再凝結、下雨，而逐漸消失。

然而還不只是這樣，反過來說，你所轉換的新的軌道由於是更健康、對你自己更好的，因此你的人生不只是可以止跌，還會開始向上走，因為你會比以前更清楚地看到，你的每一步應該怎麼去選擇，才可以做出利己又利他的事情。那麼這新的因果軌道，便會為你的人生帶來會讓你感覺「出運了！」的未來。所以說化解自己的「因果病」，就是在準備足以讓你的未來步步高升的「德行和智慧」。

這就是為什麼，高靈在上課時所給予的訊息，鮮少去談論那些高來高去的東西，總是給你可以直接在現代生活中去運用的智慧，因為真正「高層次」的教育，是「引導你在你自己的人生版本裡面去步步蓮花，最後走向那個最終的開悟與解脫」的教育。

回到現實人生中去看「因果病」

高靈說，有很多法師很善於申論那些高來高去的境界，他們可以把開悟講得非常精采，然而他們很多人連怎麼去生活都不懂，連去看懂時代的變化、讓自己的志業能夠善巧應變的智慧都沒有。那麼，他們要怎麼教一般人，在這個正快速顛覆過往經驗的複雜社會中安身立命，還能夠「步步蓮花」呢？這些習慣在講台上高談闊論的法師，一旦在現實世界裡運行，自己的框框架架就弄得自己和旁人處處滯礙、落後，那又要怎麼教別人修行呢？他會變成用他的頭腦很「匠氣」的在教，而不是有智慧在教了，而這就是為什麼整個佛教，或是世界上的各種大宗教，都在一直流失信眾的原因。

所以，為何現代人反而覺得宗教是很遲鈍、很封建的東西？根源就在於這些神職人員，自己其實連自己要怎麼在這個他所投生的時代修行，他都不清楚。

佛經已經是千年之前、甚至更早年代的智慧遺產，這其中確實有多很珍貴的東西，可是經過了很多「方便」所造成的扭曲，以及在人類歷史中必然的政治化過程，許多「積非成是」的概念，也被覆蓋到這些古老的語言裡面去了。所以「學佛」並不是高來高去的想去「讀懂經典」，因為許多你所奉為圭臬的詮釋與教導，已經充滿了你所不知道的政治。

那真正的「學佛」是什麼？就是就你自己生活中，你實際上的「因果病」，一個一個去看到它、面對它、打開更多角度與視野去審視它，然後決定用你的「當下」去結束它。在這個過程中，你自然會明白很多佛法真正的本意、你自然會開悟到很深的境界。

那麼，若要「打開更多角度與視野」，就需要你的謙遜，若要「決定用你的當下去結束它」，就需要你的懺悔，而當你這麼做所產生的新的軌道，那就是「往上修」，也就是真正的「成佛之道」。

所以什麼是「因果病」呢？請回到現實人生中去看吧！其實大家如果當旁觀者的時候，看別人都會很清楚。「啊！那個人習慣會欠錢。」「啊！那個人習慣會拖拖拉拉。」「啊！那個人一有壓力就會逃避喔。」……這些就是那些人的「因果病」。大家在生活中，看同事、看親人、看同學其實都看得出來的，可是如果是當事者自己的話，常常就很難看得出來，或就算是知道，也不會去正面承認的，所以自己的「因果病」總是很難好。

那「因果病」多的人會有什麼附帶的現象呢？就是會情緒多。因為你沒辦法克制自己、沒辦法停止你的生活朝向負面循環，所以你就一直會卡、一直會心想事不成，當然情緒就會多。然後情緒一多，你就很容易吸引較低頻率的人事物，更加進入你的世界中（例如交到不良的朋友、陷入不良的嗜好……），於是你的未來不但不會往上走，還會加快速度把你過去累積的福氣消耗掉了。

於是這裡就可以回答你一個問題了，很多人會問：「為什麼我的人生無法往上走？」答案是：因為你的「因果病」太多了！

而「因果病」是無法透過一個別人設計的什麼機制去化解的，彷彿你去醫院把自己送進一台機器，滋滋響幾聲再送出來以後，你的因果就註銷了、清理乾淨了，這是做不到的。因為「因果病」其實就是「已經存在於你這一世的不良習慣」（包括信念），它不只是「存在於前世」的，所以只有透過現在的你，願意回到善念去懺悔，在「因循苟且」的那個當下願意去看見、願意決定去改變，它才會真的消除。

就像有人得了癌症了，他就說要去「化解因果」，可是他不實際去給予身體它欠缺的營養或休息、也不去對造成生病的生活習慣做徹底的改變、還不去察覺環境的問題而願意去脫離那個環境，卻認為直接交給一場超渡法會就可以解決，這樣你真的會認為可行嗎？可是這些實際要去改變的事情，是要誰去做呢？只有他自己可以去做，不是嗎？不是別人去幫他做什麼「化解」，然後他都不用動，這是不可能的。

去為「你自己的因果」對症下藥

知道自己的問題在哪裡、願意去做很大的改變，這是很多人在重症裡面能夠力挽狂瀾的原因。可是有的人得了重症以後，他看人家喝檸檬水好了，他就說，那我也去喝檸檬水。高靈說，這樣就是你根本不知道自己在做什麼，只是人家畫符你就喝符而已。為什麼呢？因為你不是自己真的去了解自己的「因果業障」在哪邊，該從什麼根源去釜底抽薪？這樣你並不是真正在「積極治療」，因為你並沒有覺醒，去為「你自己的因果」對症下藥。

然而很多人得了癌症以後，他確實也很難知道自己問題在哪裡，因為平常就沒有習慣去覺察，都是活在「個性」與「習慣」（很多的貪嗔癡）裡面，所以遇到這麼個大事，他心情又更慌了，就會急著去抓救命稻草，「賭一把」地去模仿別人的方式，所以失敗機率就很高。

那麼遇到大事情去問神或是去找老師，可以不可以呢？當然可以的。可是你要知道，正確的方向應該是要讓自己對自己的狀況產生真正的了解，而不是找一個第三者來幫你處理。舉個例子說，真正的神職人員是會幫你收驚的，可是他也會告訴你，你的問題真正出在哪裡，是什麼習慣要改等等；而你如果回到真誠去看的話，你其實是會認同的，因為你確實有那個部分，你確實有那個你一直在因循苟且的無明慣性，或是不善的心念。

所以如果你去找的神職人員或是通靈人，他就只是收錢辦事，例如說你要收驚他就拿錢，然後儀式幫你做一做就這樣了，那他很可能一直在介入別人的因果，將來自己會愈過愈糟。除非他能夠偵察到對的訊息，告訴別人正確的方向：「你應該從那個方向張開眼睛去看，然後要去調整什麼。」那這個才是好的作法，他才是一個「可以幫助別人學習的管道」——這是神職工作真正的意義。

一天到晚在宣稱「用什麼技術、什麼儀式清洗你的無始劫以來的業力印記」或是像是「零極限」這類型的作法，如果你剛開始很相信的話，因為你的寄託，你會有短期心境上的明亮感，而帶來些許生活狀況的好轉；可是如果你真的想依靠他們去處理你的因果，你後續的狀況只會愈來愈嚴重。

所以你可以去看，有些活得已經很像鬼、很像生病的人，你一踏進他們的房間，不得了，充滿各種靈性書籍、各種能量礦石、各種圖騰符碼、各個年代流行過的「清理工具」，以及各種療癒與冥想的CD……可是如果你看他們多年以前的相片，你會發現很弔詭的，那時的他的整個氣色還沒有像現在這麼糟。

所以，有志要做神職人員或是心靈工作的人，請你們要明白，這份志業雖然是很好的，但它始終是份「教育工作」，所以你要成為一個真正能提供「覺醒的教育」的管道；你要真的對人有關懷、有愛去做，而不是用貪念去想為自己發展。因為有很多人的起心動念明明是自私的、他所給出去的觀念明明是狹隘的，可是他卻可以把它們解釋為在愛你、在為你好，那這是很嚴重的錯誤，也會有很嚴重的因果。

要去改變的不是碰觸不到的「過去」或「未來」，而是「現在」

那麼去做「前世回溯」，對處理因果病有幫助嗎？任何技術如果可以幫助你對現在、你行事為人潛在的盲點與錯誤，有所覺察與發現的話，那是有幫助的；可是如果不是這樣，而是認為查到了那個「起源」，然後再透過什麼技術、神祕力量，可以把那個「過去」直接幫你消除掉，認為這樣就可以消弭掉現在的「因果病」，這就是不正確的見解。因為過去無論發生過什麼，它所遺留的影響，都已經存在於你此生的基因與個性裡面了，所以並不是把那個「線頭」剪掉，這條「線」就會整個不見。

其實要解決「因果病」，只就你的今生去覺察，早已是足夠的：你自己更深的習性、執著的觀念是什麼？你只要有心，就能在現在的生活裡面看得到，那你就會知道，你今生的遭遇，為什麼會一直出現同類的狀況擺脫不掉了。如果你靠自己實在看不出來，當然你也可以找老師來幫你整理；如果你自己已經清楚知道，那你只要常常提醒自己，一直朝健康正確的方向（註）去走就行了，那你自己的因果病也會愈來愈不見的。

所以「因果病」不是什麼「玄之又玄」的東西，而你沒有辦法去改變。請記得，既然叫做「因果」，那也就是「你自己本身的問題」，那你本人現在就在這裡，你該求你自己，而不必遠求。所以你要去改變的不是什麼你碰觸不到的「過去」或「未來」，而是你的「現在」！當你的「現在」改變，你的「過去」和「未來」也都會改變，因為「清楚＝療癒」，你只要把光帶進你的現在，任何黑暗都會不見，還有什麼可以影響你的呢？

而實際怎麼去做，首先就是要真誠的面對你自己；而最安全傻瓜的方式，就是只要你要去做任何情，都「心存善念」，這樣你就會看到你個性中的貪嗔癡，那你就能夠在很多作為上面踩煞車，重新去做對的選擇了。那麼你的「因果」就一直在化解跟改寫了，這樣甚至你都不用來找老師、也不用去上課，你就可以自己解決。

除非你已經出狀況了，自己也混亂到一個程度無法整理，又擔心狀況會更糟，或是你也有心想學習更多智慧，希望人生不只是處理問題，還能夠加快速度往上走，那你就可以來找老師、你就可以來供養。如此做的人，無論你在什麼樣的狀況裡，只要你有誠，不出多久，你就能夠看到自己因果病的成因，也知道要怎麼拿掉；那麼當你拿掉的那一天，就是人家說的「你出運了！」所謂「出運」的意思就是：你終於能夠展開一個，是你可以去創造的人生。

當一個人可以「創造」，那就是俗話說的「你想要什麼，你就可以有什麼」，而這並不需要等待奇蹟或中樂透，其實每一個人都做得到。但高靈說，雖然就是這麼簡單，但有百分之八十的人就是做不到；那如果你想要成為那百分之二十的人，從現在開始你就是要去「覺醒」、去「看」，去認識你自己的「因果病」，然後知道要怎麼去修，也就是要「有清楚、有目的的去修」。

修行是就你的生活一一地去調整

傳統佛教總在講「人都要修」，可是每個人的基礎、立場、相對處境都不一樣，那「你自己的」要怎麼修？你清楚嗎？這就是新的時代的「佛教」——也就是覺醒的教育，應該要有能力去幫助大家清楚的。

反過來說，每一個有心要修行的人，自己也要懂得去判斷，哪一些師父的講經說法，或是所進行的教育工作，是很可以充分理解、對應到當下你自己的人生與所處的時代環境的；你是否聽了以後，可以在你實際生活的困境裡面，去找到創造點突破窠臼，因而變得更自由、更豐盛？而不是只是點上一盞暖暖的燈，讓你感到有寄託與平靜而已。那你這樣去找到的老師，他才有能力讓你步上「你自己的修行之路」。

然後，修行是不能急、也不能功利的，只要就你的生活一一地去調整，它自然會有開花的那一天，而那個開花就叫做「小開悟」，你就會突然把過去很多人生的拼圖都串連在一起了，有一個很大的「懂」。而當你又累積了很多的「小開悟」，最後就自然而然會來到那個「大開悟」，而這個「大開悟」就會讓你「一世解脫」了，你就可以在這一世結束之後脫離輪迴。

那麼這整個過程，就是高靈之前形容的那條「向上拋物線」，前面看起來慢，後面會快得不可思議。可是如果你沒有先切換到這條拋物線的軌道上來走，也就是「正確地修你自己的修行」，那麼成天高談闊論那些經典的意趣，或是「人家拜佛一千拜，你就也拜佛一千拜」，都是在耽誤你自己的命光。

最後我們拉回到今天的主題，再來做一個總整理：所謂的「因果病」，它不是在講一種「原罪論」，也就是說，不管你天生是小兒痲痺或是有什麼先天的問題，這些都不能定義為「上輩子好或不好」。因為那只是每個人在地球上要學習的角度不一樣、課題不一樣，所以所呈現出來面貌就不一樣而已。這個「不一樣」也就是「無常」。所以既然它不是原罪，只是一種「無常」，是一種「學習的角度」，那麼「當下就是力量」！也就是現在，就是你去學習最好的時機。

而如果人生碰到痛苦，你願意在裡面去找到「清楚」，那份清楚就會重新帶給你力量，讓你活在力量裡，而沒有了痛苦。你看，本來一個人天生缺手缺腳，有人說他那是「因果病」，可是他後來卻可以活得比好多「有手有腳」的人更精采、更開心，這樣的真人真事不是也是有的嗎？那誰才是已經脫離了「因果病」，回到天堂裡了呢？

（註）如果你不知道什麼叫做「健康正確的方向」，那麼請記得，如果你的人生一直有在「心存善念」、一直有在用「感謝」去反省，你就會看得到。

☆人能夠超越自己出生時的命盤嗎？

命理上說，人有十年為一期的大運，很多人會去關心自己現在走的大運是什麼？是好還是不好等等。

人生跟著智慧走，就能超越命盤

可是，什麼都不做，光期盼著「好的十年大運」來到，是掌握不到浪頭的。當你在走所謂「不好的十年大運」時，如果有在裡面修行，儲備了可以穩健駕馭生活的能力，等未來那個「好的十年」來到，才能夠讓你在自己穩健的表現水平裡去順水推舟和水漲船高，否則好的機運所帶來的浪頭，也是可能會讓你翻船下沉的；即使命盤告訴你明年開始走上十年好運，到時你就會無駕馭得了這波洶湧的能量。所以走大運時，也是讓你大好或大壞的關鍵時刻。

反過來，有的命理師會告訴你，哪一年之後會開始走比較不好的大運。但如果你一直在修行的話，確實也能夠讓你到時候整體的平均值向上拉抬，於是命盤上看到的週期，就會隨你的修行的細緻度，跟著改變提升了。

命盤是有很高的準確性的，但那是對沒有去開展智慧的人而言。如果一個人的智慧能夠一直提升，他每十年的大運會變成一個個階梯狀的上升狀態，雖然還是偶爾有局部的大波動，但平均值是愈來愈高的，這就是所謂的「步步高升」。

有句話，請大家記住：人生若跟著智慧在走，就不會被命盤牽著走了。

就像長相似乎是天生的，但也有「相由心生」這句話。同一個長相，經過後天的薰陶，有氣質和沒氣質，可以是天壤之別！那麼當一個人是跟著智慧在走時，他慢慢會接近「菩薩相」，命理就會開始測他不準了，因為「智慧」，是創造性的。

比如說，當你是以雙贏的方式在考慮怎麼做人做事的時候（這就是在使用智慧），你就會比較容易進入「無我」——也就是你的行為會超越原來那個「自我」，於是你創造出的結果，就會超越了你那個「自我」的命盤所給你的格局。

再比如說，世界上的領導人如果只考慮自己國家的利益而行動，那麼國際間就依然會是衝突的、明爭暗鬥的，結果每一個國家的發展都很難脫離窠臼。只有當你在更大的「合一」裡面去思考，才會超越個體的個性或習氣去做事，那麼你就會超越原來的命盤。

智慧若提升，命盤也會改變

命盤是「個人」的，當你是用你的「個性」、你「自我的想要」去思考時，你的命運（格局）就會落在你命盤（前世因果）的邏輯裡面，所以是可以算得出來的；而「智慧」則是能超越個體自我，用更高的「合一」觀點去處理事情的能力，因此你的行為會超越你個人先天的格局，讓先天的命盤無法牽制你的未來。

智慧若提升，你的面相、手相全都會跟著改變，你其實正在脫離自己先天的命盤，向上提升，所以下一世的命盤也會跟著改變，果報也會變得更好。反之，出生時命盤再怎麼好的人，如果他把它浪費糟蹋了，這一世也會漸漸過得不堪，然後下一世就會陷落到更差的地方去學習。

那麼「智慧」，要怎麼學？「智慧」是一種「要有愛，才能開展得來」的東西，是屬於五次元的；沒有愛去學來的技巧，那叫做小聰明——也就是「頭腦」，那不叫智慧。不是有句話說「聰明反被聰明誤」嗎？小聰明或頭腦，它不但不會讓你的命變好，反而會把你的格局往下拉得更低，所以真心想要尋求智慧的人，必須要先能夠回到愛。

那怎樣才能回到愛呢？如果做事情都是願意「多幫別人想一想」、願意「推己及人」，那你就容易找到那種愛的感覺，容易感受到來自愛的感動。有這樣去做，那種感動你會感覺得到，當感覺到了以後，你就去保持這種心的溫熱，以後做任何事都往這個方向去走，這就是回到愛了。

接下來，在做事的過程裡面，就可以開始向上天發願說，你要求智慧。那麼，這個階段你該得到的智慧，就會有冥冥中的安排來讓你可以獲得；而你也會發現，你所經歷的事件，就會正好是給你增加智慧的禮物，神就會在你的後面推你一把。

了解命盤後，學習創造雙贏與豐盛

最後，這些話是要給那些嫌自己命盤不好的人聽的：

想想：非洲某個飢荒之地，那裡命盤再怎麼好的人，也沒有你現在的命好；反之，你的命盤再差，你過得還是比伊斯蘭國那裡命盤最好的人，還要好！這告訴你什麼呢？你現在生活在一個有手機（千里眼、順風耳）、有先進醫療、有人權、不砍人頭，而是有選票可以投的世界，隨便一個古時候當官的人，無論他的命盤怎樣好，他都享受不到這些，試問誰的命比較好？

可見，原來你已經是這麼有福氣的了。所以知道你的命盤固然重要，但更重要的是，用感謝的心，去學習怎麼樣在你的命盤中，創造你與別人的雙贏、創造超越先天命盤所能給你的，更大的豐盛！

有一些來找我諮詢的高知識、高成就，屬於社會高端階層的人，他們也注重算命，甚至比一般人更重視「命盤」。當他們了解了命盤之後，再透過學習智慧來微調，他們就能運用命盤的基礎，去知道自己與周邊人事物之間的互動，是如何進行、演化的，知己知彼之後，就能開創新局，走到更好的位置。如果你也懂得這個道理，那麼，你的命盤就處處有生機，這將會是你的一盤好棋！

☆點光明燈，真的有用嗎？你該如何超越因果？

你的存在，就像個震動的頻率，它並不是一個靜態，而是有高有低的，只是整體來看，它會有一個平均值，高或低都會在一個範圍內。所以有的人突然開悟，有所洞見，但他無法維持在那個高度；反過來，有的人平常都很好，偶然也會掉到比較低的情緒裡，而那就是一個經驗，通常也不會一直那樣。甚至神也會下來當人，因為當祂覺得必須透過這樣子，去陪伴某個（或某些）特定的人去清楚、去了解，祂就會下來，可是大體上來講，祂的常態也會在一個高度之上。

所以，常行善的人有時雖也會做壞事，但也不用害怕說因為一件事，你就會掉到地獄去，因為你的頻率如果平均在九十分，也不會突然就掉到五十九分的，就像一個飲食一直很節制的人，也不會因為你偶爾一餐吃得太多，就馬上發胖。所以只要你有在反省、調整，這個因果很快就能彌補；相對的，當你在提升自己的路途上，偶爾有很大的領悟，也不用得意或自以為高人一等，因為也不會因為一次的領悟，你的整體常態就會從此拉高、不會退轉。

面對基因的「生死簿」，拿掉不必要的恐懼

有人在這裡會提出疑問：人家說「冤冤相報」，如果常行善的人做了壞事，侵害了別人，別人心裡記上了這一筆，也會想來追討，假如說這一世因為這個善人很有福報，追討不到，不是就會等到某一世時機成熟，還是要還嗎？這種事可以因為自己的反省、調整，就彌補得了嗎？

確實，「凡走過必留下痕跡」，這就是民間信仰中說的「生死簿」真正的意思，它其實指的就是一個龐大的「基因學」，裡面有無數的配對！「基因」的本質，其實就是一部超級大電腦，有人類所不及的運算能力（請思考一下自然萬物是如何不可思議地協同運作）。「生死簿」這種比喻，是為了讓以前的人可以聽得懂，所給出的說法。

所以重點來了，為何不用聽到「生死簿」（凡走過必留下痕跡）就害怕地想：那我被記一筆了怎麼辦？如果你是一直在往上提升（有眼光與能力去做對的事），你不需要去擔心生死簿裡面的痕跡，因為，用一個簡化的說法：你幫助過的人都會幫你去處理掉你的「負債」。

比方說，當你有一天脫離輪迴，大開悟了，成為了高靈（或說神），雖然你以前曾經

的功過（在物質世界產生的影響）確實還是存在的，但是就會有人去繼承和平衡。比如你曾經說過一些不好的話，對別人造成了傷害，假設這產生了一連串的負面影響；可是你也曾經說過一些對人很好的話，對別人產生了提升，也是會有一連串的正面影響。那麼那個負面的影響，並不需要你本人去償還的，而會是由這兩者自行去產生平衡。

不過，這其中的運算太過龐大與複雜，是無法歸納為一條一條簡單的規則的。所以，了解這些的重點是在於清楚一個大方向，拿掉不必要的恐懼，然後明白應該往哪個方向去做。

例如你曾經借了A君一筆錢，可是後來你脫離輪迴了，所以你已經不會想去跟A君要了；然而你也曾經向B君借過一筆錢，還沒有還。有一天，B君過得不好，他手頭正缺一筆錢，你知道了（但你已經不在這個輪迴系統中），而因為他曾經幫助過你，所以你會想要幫助他，於是這個「生死簿」裡面，也可以執行一種運作，讓不認識的A、B君兩人相遇，並且從A君這裡掏出錢來給了B君。所以「因果」可比喻為一種非常複雜的運作程式，它也可以像這樣運作的。

那麼，如果這樣說的話，有的人做了很多壞事，然後再拿很多錢出來去請人做善事，這樣對自己有沒有幫助？答案是：幫助確實是有的，沒錯。但有多大幫助？還要考慮兩個條件，第一：自己拿出錢請人做的善事，究竟是不是真的善事？是不是真的造成良性循環？第二：自己做的壞事和現在做的善事，彼此的比例是否真的足夠平衡？

就第一點而言，譬如你去廟裡點光明燈，有沒有效？這就要看你選擇的那座廟，有沒有真的大部分是在引導人向善？有沒有真的大部分是在做該做的事？選擇對的地方與對的方式去付出，這是至關重要的（但是當人只是為了對自己有利而做時，往往不會去分辨）。

你去為那座廟點燈，增加它的光彩和莊嚴，讓別的信眾更有信心，吸引更多人來，如果這是一座好的廟，那你確實就在創造一個正向的循環，那麼這才會有功德。反之的話，那不但沒有功德，還會變成助紂為虐，加強了更多負面循環。就像現在造成爭議的放生，也是一樣的道理。這裡面都沒有絕對的答案，可是你的「善行」或「供奉」實際上帶來什麼，是自己要去睜開眼睛看的，是要去辨別的，因為沒有明辨的智慧，本來就無法超越因果。

就第二點而言，假如你沒有致力於提升自己的智慧、改變自己的行為，只是想透過金錢的捐助來平衡因果，那麼也要考慮到，在生生世世中兜兜轉轉，由於你的沒有智慧，不斷結下的樑子，是不是真的能被你所點的燈所彌補？（尤其這樣的人，常常也沒有智慧去選擇好的廟宇。）

提升自己的智慧，是趨吉避凶的最佳道路

接下來要談另一個重點了。雖然人生在世，「凡走過必留下痕跡」，然而當你的智慧愈提升時，你的所作所為、所創造的光明，就愈有能力能夠抵銷在較低頻率時所創造的黑暗，

所以提升自己的智慧，可以說就是「大事化小、小事化無」——趨吉避凶的最佳道路。

這個意思是說：人在高頻（高智慧）時的作為所產生的影響力，與在低頻時的作為所產生的影響力，彼此的差別非常巨大，就像芮氏地震規模的分級法一樣，規模七是規模六的十倍，規模八又是規模六的一百倍。所以有個說法是，「只需要少數覺醒的人，就能改變世界」，也是在講這個道理。

再用個比喻形容。在意識很光明的地方存在的人，就好像超級富有的人，他的所需都是好多人在幫他打理，有什麼事情也都是下面的人就幫他處理掉了，他都不用自己出面；但在意識很黑暗的地方存在的人，就好比很窮的人，會感覺樣樣都要靠自己很辛苦的去張羅、計較，才能夠生存下來。業力更沉重的話，那就好像監獄裡的重刑犯，必須付出非常大的勞力、自由的失去以及漫長時間的等待，才能獲得一點點、些微的原諒。用錢去比喻，大家比較容易懂，但是這個比喻的目的僅止於此，請勿把財富的多少與智慧（頻率）的高低劃上等號，過度延伸解釋了。

所以為何有句話說「回頭是岸」？人愈是在光明（有智慧）處，翻身是愈容易的，簡直就像「一回頭，岸就到了」那樣。相對也有句話是「陰溝裡翻船」，你愈是在陰溝裡行進，翻船機率就愈大。所以超越因果的方法，自己智慧的提升最重要，以高智慧所做的事，所謂的「功德」，就會非常的巨大。

未來的科學家，有沒有可能觀察到這個運算基因的「生死簿」呢？他們只能夠追尋到蛛絲馬跡，卻沒有辦法真正觀察到，因為那個運算相對而言太龐大、太無限了，如果某人能觀察到，就已經不需要這顆地球了，就完全沒有需要在這裡了，他將已經超脫這個輪迴的界域。

☆人因討厭而輪迴

來到地球教室輪迴的人，有百分之七十都是因為「討厭」和「不甘心」來的。尤其是「討厭」——很多人來輪迴都是因為討厭某個人，於是就繼續跟他聚在一起了。換句話說，你愈討厭的人，在輪迴中你就會愈與他聚在一起，這就是為何有這種說法：我們來這世界上成為人，就是有「功課」。

有的人來輪迴是自願的，有的是為了做某些事情而來的，但這些只占少數，「因為討厭什麼人」而來的則占多數。如果有什麼人你覺得很討厭，招架不住，那麼你下次輪迴時就會再跟這個你討厭的人碰上，然後那些狗皮倒灶的事就會再來一次；反之，你愈喜悅、愈無念，你就愈不容易進入輪迴——只是說「不容易」，因為進入輪迴還可以有很多其他原因，但就會比較不容易。

講這個當然很多人會不喜歡聽，但這就是地球這個教室，大部分人們的「功課」形成的真正原因。例如你的上一世，對金錢很沒有好感，那麼這一世就會一直碰到跟金錢有關、的問題，而你必須去處理（註1）。

所以「感謝＋反省＝奉獻」（註2）裡面說的「反省」為什麼這麼重要？因為「反省」，可以突破你這個功課。當你透過反省，在這一世對某件事有了清楚之後，你對它不再討厭，不再有什麼感覺，那這個功課你就通過了，以後你便不會再與它相關了。

可惜大部分人聽到「反省」都是會抗拒的。然而透過反省，你才會看到你的軌道、看到你的功課，進而清楚很多相關的事情，那麼這個愈來愈清楚的過程，才有機會接觸到真正的「神」與「佛」，而不會被假的東西誆騙，跑到迷信裡面去。

如果自己能夠反省，那麼你自己就能夠找到「回家的路」；如果知道自己習性很深、惰性很強或智慧不夠，那麼也可以找到好的老師（善知識），讓他引導你去反省，幫助你漸漸成為自己的光。每個人都有不願意再重複經驗的事情，每個人的內心深處，都記得當時的苦，但是只要你能夠善於反省，你就不會愈陷愈深了。

（以上文字，恭錄二〇一五年八月三十一日高靈訊息。）

（註1）老師補充：

這裡面的邏輯和很多人想的剛好相反：上一世愈討厭金錢，這一世就愈容易有「大金」，例如會生在有祖產的富貴人家、會中樂透，或是今生就會有機遇飛黃騰達賺很多錢。但這一類人在比例上是比較少的，大部分的人的上一世，基本上都是對金錢在追求、有好感的，所以這一世就不會很有錢，或是會覺得剛剛好夠用，因為他相對來說，課題不在於金錢。總之，所謂的「財庫」，請大家要更新一下自己過往的認知，其實大部分是「功課」的意思。

輪迴的原理，就像 DNA 的螺旋狀，你愈不想要的，你就愈碰到；你愈想要的，就離你愈遠。所以當你以為你在往東走，實際上你已經在朝向西的路上。這個含意甚深！充分明瞭這個，才能知道如何處世與脫離輪迴。但這無法簡單敘述，我會在上課時，或是日後的書籍中詳細的分享。

（註2）「感謝＋反省＝奉獻」是開啟五次元意識的鑰匙，詳情請參閱《奉獻》。

☆輪迴、與脫離輪迴的大原理

我們為什麼會來地球做功課？就是因為「弦理論」裡面說的那個「弦」，但是科學家不知道這個「弦」是什麼？其實它就是「太極」。

透過二元對立去「看到」和「學習」

很多人都聽說過「我們死後會看到一道光，然後要跟著那道光走」的傳說，在這個傳說裡面說的「那道光」，其實就是我們跟「合一」連結的那條臍帶。因為有些東西你想要了解，你就從那道光下來，來成為那個「弦」——一開始的那個「心念」。然後這個弦的擾動所引發的蝴蝶效應，就從單細胞開始繁殖演變為一具肉身（註1）。那麼，為什麼那個「弦」叫做太極？因為你就是必須透過二元對立（黑與白），才能夠去「看到」和「學習」的。

所以沒有真正的對或錯、黑或白，那只是學習中的你的認為，當你學習到的時候，你就可以再從那道光離開（回到合一）。

你本來是合一，是那道頻率很高的光，你必須把頻率降低下來，降到地球的頻率，才能看到黑白；如同神也是必須降低祂的頻率，才能下來教導人。可是有的人下來學習之後，他就在那個「黑與白」當中卡住，一直沒有學習到那個「看見」（某種他渴望的明白），他反而愈來愈沉重、頻率愈來愈低，那就是所謂的「地獄」。

「地獄」就是你的觀念一直很狹窄、很固著，看事情就一直在裡面對抗、打架，那你就會愈降愈低、感覺自己愈來愈苦、處境也愈來愈艱難。地獄就是你一直在苦裡面打轉，找不到出口出去，而這個就是輪迴。

聰明的人從上述的內容就可以意會到：那麼其實都沒有所謂的對或錯，有的只是「處理事情的智慧」！沒錯，「智慧」就是指，你能把這個本來看似對立、僵持的黑與白轉動起來。而能夠轉動它，你就能夠「風生水起」——也就是在地球上，很多別人認為的困難，你都能夠找得到角度去解決，你就能夠去推動事情，而有能力給你自己你要的自由。

（自由就是：你有能力給你自己你要的自由。）

最終，當你透過這個學習轉動黑與白的過程，得到了「了解」，你就會透過那道光，又回去合一裡面。

所以太極就是「生命之弦」，當你有想了解的事情，你就從那道光下來，透過「黑」與「白」去學習。

例如，你說「陳水扁」是好或壞？開悟的人就會說：陳水扁沒有好或壞，只有「透過陳水扁去學習」，也就是透過別的人故事、別人的事件，你可以去學習，而這就是那個靈魂對你的貢獻。所以你不是要去撻伐誰、去擁護誰，而是透過別人的例子所給你的學習，去找到自己生命的出口，去走出自己的路，繼續往上（更高的層次）走。

看到不同的角度，開展「慈」

如果了解這個，你就會開展出「慈悲」的「慈」，而不會停留在「悲」裡面。所謂停留在「悲」裡面，就是停留在你的受傷裡面，然後說「喔！我挺藍、我挺綠、我要打倒誰、我希望誰去下地獄……」。請看全世界的政治，都是一直用這個「悲」，用這個同樣的思惟在事倍功半地拉扯與僵持的；而無論一個國家有多少黨派，最後都會演化成有主要的兩個黨派在對抗。這並非巧合，這就是反應人類落入對立去對抗、轉不動自己生命中的黑與白的特徵。只要人類的意識繼續落在「悲」裡面——在那個受害感、損失感裡面出不來，他就會把事情演化成「藍白大對抗」。

當你是站在一個「損失」或「受害」的角度，你就會一直在「對抗」的輪迴裡面重複，無法離開這樣的生活方式。其實，人生無論碰到什麼，你都可以從這個過程，找到自己的智慧和自由，以後是可以不受害的，甚至於更有能力去主導和創造你要的局面的。

當你願意去找自己的智慧，這樣提升上來的時候，再往回看以前的自己，就會看到為什麼以前會困在那裡，也會慨嘆以前解讀事情為什麼會只有那一兩個角度了。這樣你就不會成為「正義魔人」，你就會開始有「慈」了。

你會看到有些人就像是以前的你，你知道是因為他們看不到某些角度，他們還需要一些生命的閱歷，你知道這需要時間、需要歷練，所以你會願意去等待。因為你知道，沒有歷練過這些黑或白，他是永遠不懂的，所以就不再會說：你覺得他是黑的，就用白的去撻伐他；你覺得他是白的，就認為必須用黑的去教訓他。你不會滯留在憤怒的情緒裡面用力，你會知道要怎麼樣幫助對方，鬆動他的固執於一邊（無論是黑是白），而開始能夠讓他腦中固著的黑與白轉動起來，讓他有機會去看到他原來看不到的角度，然後他就能夠提升到你現在的位置了。

能有這樣的看見與實際去做，你的慈悲心就開展出來了。從這裡開始，你就可以走上一個「老師」（菩薩）的路，你開始會去衡量應該用多快的腳步、應該用什麼角度、或等待到什麼樣的機緣時，你可以去點化他，帶領他去看見更多他原先看不見的角度，幫助他離開那個固著的苦。

人生走到開展出慈悲之後，接下來就是「大開悟」了。所有的事情你就能夠躍升到更高的高度，去看到這些都沒有所謂的黑白、是非、對或錯，你看到的只有「時間」——你會看到（預知）時間可以改變出什麼東西，你就是在裡面閱讀和欣賞。這時候雖然你還有肉體，但你已經做完地球的功課了，剩下的日子，你就是繼續在閱讀和欣賞而已。這時候你所看到的世界，可以只用一個字形容，那就是「Beautiful」！

以上就是輪迴與脫離輪迴的大原理。

讓愛在各種差異性裡面轉動起來

當你有這個大開悟時，你看到的世界，就像是處處布滿彩虹那樣的美好；你可以知道，即使是戰爭或飢荒，都是讓人變得更美好的過程；你會看到，十八層地獄也都是在幫助不同階段的人能夠往上提升的設計。例如透過飢荒，有些人才能夠深刻體驗到一碗白米飯的美；例如就像梵谷的星空為何如此令人感動？因為那就是：一個精神病人，他渴望的一線生機！

這也就是為什麼梅爾達說，「彩虹」是機緣的力量（註2），因為彩虹就是在提示你：透過不同的角度，你就會看到不同的顏色，然後你的人生就會有美！

所以「多元成家」就是一種更開悟才會有的「美」，因為你有更多的角度，你才能夠讓愛在這麼多種角度裡面去「轉動起來」，而不會因為你的觀念，讓很多關係之間原本有愛的，卻必須成為悲劇。其實，讓愛能夠在各種差異性裡面都能轉動起來，這才是你自己與這個世界真正的救贖！

「彩虹」為什麼是「機緣的力量」？這也是這個地球的設計，透過太陽與各種物質的對應，去展現出一個頻譜，讓你看到不同的色彩，同時這些不同的頻譜，也才能演化不同的生命，讓地球如此豐富、美麗！所以，你要效法彩虹的存在所給你的啟發：當你有更多角度去看這個世界，你就能獲得更多人生的美麗畫面。

多元成家也是像這樣，你能夠看到，不同人的組合裡面，也可以有它的愛與美，那你就會知道，這不是你可以成為一個「正義魔人」去「糾正」的；你就會知道，每個人都只是在不同位置、不同階段、在不同的角度切入人生，在裡面學習和成長的。當你可以看到「每個人都是在他的相對位置上在學習和成長」時，這樣的畫面是很美的，你會看到這個世界是多麼美。

所謂的「美」，就是像有些人的心可以這麼柔軟，為了不想去殺，他可以吃素，這就是一種美！可是當你把你的素食變成是一種「正義魔人」的暴力時，它已經偏離這個美麗的心了！（你落在悲裡面對抗，而沒有了慈。）所以即使是吃素，有的人是為了自己的功德、為了得到某些東西、為了「對」「錯」（這樣做才是對）去吃的；可是當你提升起來，是開展出慈悲的人時，你也會知道，任何選擇的真正目的，只是在表達愛，而愛是會有「相信」與「等待」的。

那麼這就是梅爾達說「彩虹」是「機緣的力量」，想呈現出來的意義。所謂的「機緣」就是：每個人所處在的相對位置都不同，你能夠看到這個不同，就能夠看到他學習的「機緣」，你就會相信人人都能夠成佛。

而大家都知道，看到彩虹是需要特定的角度的，找對角度，彩虹就出現了；所以這更是在啟示你：當你的人生過不去的時候，你一定要知道，一定有一個角度，是可以讓你看到這到彩虹的。

而每當你在原本過不去的事情裡面看到這道彩虹時，你會發現，你對原來那件事，就不會是黑白分明、對錯分明的了，你就會有一個「了解」或「恩……我懂了」，那就是你學到功課了。在生活中，當你慢慢累積很多這種小小的「我懂了」，你就能夠了解像是以前老人家講「睜一隻眼、閉一隻眼」的這種浪漫和柔軟。

對立、對抗無法轉動人生

「成佛」是什麼意思？就是「覺醒」，「覺醒」就是你要打開眼睛，去看到黑與白的流動，其實它們本來就不是固定的黑與白。當人堅持什麼才是對的，人就與自己認為的對立面，站在一百八十度的僵持當中對抗，這樣他就無法轉動自己的人生，開始拖累自己的成長腳步。

例如有的人本來因為一個愛的出發點，他看到了一個角度，有了一個覺醒；但他又開始去堅持那個角度，去跟人家起爭執或戰鬥，那他就頭腦了，就一腳踏進「正義魔人」的範疇，困在裡面出不來了，這就是佛法講的「法執」，那就可惜了。

當你願意從各種不同的角度去觀察一件事情，就像你看一部電影，從電影裡的各種角色裡面學會了一些事情，你固著的部分就會流動，智慧和能力就會提升，那你對於還在裡面學習的人，就會有慈悲了，你會知道說：他還在那個階段學習，現在還缺乏一些歷練，我不用那麼用力，也不用成為酸民在裡面酸，因為我是那個階段的過來人了，我可以在留言板裡面寫一些建設性的留言，希望他們有一些機緣可以看得到這個角度。

你可以看到，在很多新聞話題的底下，總有很多很多的留言，占最大多數的，是在是非對錯裡開罵和責備的，或是分成兩派在對嗆互酸的；但偶爾也有一些留言，是在幫助你看到更多角度的。如果真的願意去讀一讀這些比較有多角度的留言，你會發現，也許雙方原先的立場就會調整了，也許就更能用建設性的作法去處理事情了。

不過，除了「正」、「反」、「第三種角度」的留言，高靈很俏皮地說：其實還有第四種留言，你有沒有發現呢？那就是「來做廣告的」。

來做廣告的那些，他們的能量就是財富金字塔裡面的那些「肥貓」，他其實不在乎是非對錯，他是在你的是非對錯裡面，去給你置入性行銷，在裡面撈好處的。像這種角度，你也要看得懂啊！所謂「螳螂捕蟬，黃雀在後」，當你愈鑽在是非裡面，事實上你愈容易被操控，而那個是非之地，也愈有人會進來操控。很多肥貓（政治或演藝圈）就是利用挑起世界的是非對錯，在裡面海撈一票的，他就是利用你的正義感或你的善心，去做他想要做的事情，不過這就是另一個話題了，在這裡就不多談。

社會上每天有這麼多例子、有麼多人物，提供你那麼精采的故事，讓你不用實際去經歷、受累受苦，就能夠學習得到智慧。能夠這樣去想，你就會有感謝，然後透過這些別人的示現去反省，讓你的角度真的愈來愈多元、豐富，你就會看到生命的美麗。

那你的奉獻是什麼呢？就是你的生活轉動起來了、更盈滿、更喜悅、更有慈悲，那麼你的行為、你在人家留言板留下的字句，以及你所傳達出來的能量（心境），就自然都會是對這個世界的奉獻了。當你常常保持這個「感謝＋反省＝奉獻」的狀態的時候，其實你已經在脫離輪迴的道路上了。

那麼當你死的時候，你是會看到那個光的，你會知道那個光是什麼樣的愛的感覺，你會欣然回到那裡面去，與之合一，你就不會再來輪迴了。

（註1）請參閱《都可以，就人覺醒》一書P.103～P.142，商周出版。

（註2）請參閱《絕望中遇見梅爾達》一書，方智出版。

2
修行的微積分

☆風水究竟是什麼？修行就是減法嗎？

「風水」究竟是什麼？高靈說，風水其實很簡單，風水就是「微積分」，也就是「事物一點一滴累積出來的，對你人生的影響力」。

比如說你家客廳上方的裝飾天花板，有一塊裂掉的玻璃，每次你看到它就會擔心一下下，想像它萬一掉下來砸到人……那麼這個裂掉的玻璃就變成了你的一個「焦慮源」。如果將你的身心比喻為一台電腦，這個焦慮源就是一個會使你產生「系統衝突」的東西；而當你的「系統衝突」愈來愈多的時候，你（這台電腦的功能）就會愈來愈卡，於是在許多方面的運算與決策，就會出問題了。

風水就是「微影響」的累積

每天一點一滴累積出來的作用力，結果影響了你的人生發展和健康，這就是「風水」為什麼存在的原理：風水就是「微影響」的累積。

我們的生活當中有好多好多的「微影響」。比如說風水上還講，床的上面不要有樑、開窗不要對著別人家房屋的牆角……如果你家裡有這樣的情形，雖然你告訴自己不要去理會，但是每次一看到，你就是會覺得怪怪的，其實這個就是一種「煞」。「煞」就是你每次看到它就會有一種不舒服，就算這個不舒服只有半秒鐘，可是你的心裡就會有一個討厭的「嘖！」。

如果你生活中可以帶來愉悅感的事情，比這種「嘖！」的事情多，那麼就還好。可是如果你的潛意識一天到晚都在「嘖！嘖！嘖！」的話，你的能量就會變得愈來愈陰沉，然後一種惡性循環就會因為這個負能量而產生了。什麼惡性循環呢？就是自己的體質會逐漸變得愈來愈「負面敏感」，只要有一點點會讓你不舒服的「敏感事物」被你看到了，你馬上就會有比別人強烈的身心反應，然後因為這樣的情緒影響了工作或關係，你又更加討厭那個敏感事物的出現。

這個原理就像有的人有一些傷痛的記憶，因為這些記憶銘印得很深刻，所以只要接觸到一點點跟這個記憶有關的人事物，他馬上就會有很大的情緒反彈，然後他的表現就會失常。

同樣的，當你生活中的「嘖！嘖！嘖！」愈來愈多，你會發現自己愈來愈容易煩躁，身體也會開始出現病徵；你還會總是覺得好累，不由自主每天想著乾脆離職、乾脆離婚、乾脆重新找一個沒有人認識的地方重新開始……簡單說，整個人士氣低迷，表現開始荒腔走板。如果這時候還沒有趕緊踩煞車，找到如何調整回來的路，那麼繼續發展下去，最後真的就會自己把自己到目前為止好不容易經營起來的一些人生成果，給摧毀了。

像是有躁鬱症的人，「政論性節目」就可以說是一種很不利於他的風水，不宜「擺放」在他的家中。因為那樣是會讓他的躁鬱症，發作的頻率變高，造成他人生運勢的「滑坡效應」的。可是偏偏很多有躁鬱症的人，又很喜歡看政論性節目，為什麼呢？因為那是一種刺激，是他內在「不甘心的情緒」的出口，所以他反而會很想要看、很難轉台。不過這不是今天要闡述的主題，就先放在一邊。

「觀念」是對你人生影響最大的「心靈風水」

上述的例子是在說明，「風水」這種微積分，對於人的運勢與身心的健康，其實是影響很大的。而這也是一個「吸引力法則」的展現，所謂「富爸爸與窮爸爸的命運不同」講的就是這個原理。

「富爸爸」與「窮爸爸」之間最大的不同，並非出身背景，也不在於學歷證照，而是在於彼此之間的「觀念」。可是你看，人的「觀念」甚至不是一個物質，它連 0.0001 公克都沒有（它只是一個在量子層次上震動的「能量弦」）；而且每次那個意念出現在你腦海的時間，也可能只有 0.001 秒，所以「觀念」是多麼微小的存在。可是誰都知道，當你每天、每月、每年……無數次地去重複這個觀念，它對你人生的影響卻會是多麼地大！

所以「觀念」就是那個「吸引力法則」裡的「吸引力」。也就是說，你的「觀念」看似微小，卻是對你人生會產生最大影響的「心靈風水」！

人都想要身心健康、物質富裕、自我實現……可是當你對應各種人事物時候，心中瞬間冒出來的觀念，是讓你的內心產生了「嘖！」還是產生了「好！」呢？哪一個比較多呢？這些真正在影響你人生發展的「心靈風水」，如果你沒有好好地去整理成你要的「吸引力法則」，那又如何確定你的人生，走到最後真的可以得到幸福？

所以，要實現一個美好的人生，確實不是只看幾本書、只對人生有幾個角度的認識，就可以達成的。因為我們需要去「覺察」的觀念，數量非常可觀！你必須在各種相對位置的變動中（例如自己是什麼人生階段、社會是什麼發展趨勢……），一直去看見並且調整自己的觀念，讓你能合宜地對應周遭，以朝向那個你想達成的目標，你才能夠成為那個「富爸爸」。

所以老師的很多學生是將上課當作是一種長期的「浸泡」，準備讓自己「活到老、學到老」的。他們一直在學習更細緻地覺察人生各種「風水的微積分」，並且與時俱進地去校正自己的作法，好讓自己更有能力去心想事成。

所以很多人以為是過得不好的人才需要上心靈課，其實這只說對了一半。因挫折而來學習，人生當然可以「止跌」；但要再向上走，就需要繼續學習更細緻的智慧才行得通。

所以當學生持續在課堂上，透過高靈每次給予的各種訊息，有不斷去調校自己內外在的「風水」，讓自己更有能力轉動人世間的「黑」與「白」時，那他就一定會由內而外地散發出豐沛的光彩。

高靈的訊息裡面，有美學、科學、社會學、心理學、生物學，也有玄學。透過這些多元的角度，你會掃除原先很多固定的觀念所帶給你的限制。你就不會一遇到困難，就很快掉入自己設定好的結論，並且在無力感裡面去抱怨別人、看扁自己、給自己插刀；然後，又因為無法創造未來，對於很多傷痛的過去就更難以放下，情不自禁把它們拿來做為自己失敗的理由和藉口。其實你如果打開了觀念的限制，馬上就可以看到，自己的人生被原先的觀念綑綁時，衍生了多少的愚昧與損失，那你自然而然的就會「放得下」，去迎接真正可以讓你的心靈更豐盛、生涯更美好的新觀點。

因此上心靈課也可以說，就是在改變你的「心靈風水」，而這其實對你的人生是至關重要的。因為它除了讓你在世的時候能夠內外兼修地邁向豐盛，最終還可以透過這番經歷，讓你完全了解地球功課，解開所有隱藏在你心中的「悲」，完全回到「慈」裡面，因而脫離輪迴。

學佛學得對，會讓你更加盈滿與富有、更具創造力而祥和

在這裡就可以順便談談，在許多宗教中經常強調的「清修」與「苦修」了。強調「清修」與「苦修」的人，其實是沒有脫離「悲」的範疇的；也就是雖然這種強調也有其覺醒的部分，但這覺醒是片面、不圓滿的。因為他們修行的初始發心，是自己想要徹底的離苦，所以他們害怕加法，追求減法，這就是佛陀說的「化城」——聲聞乘暫時的休息之地。而佛陀說，這樣的開悟並不究竟。為什麼不究竟？因為他們只能用「離苦」的角度去仰望「涅槃」，對涅槃（真如）所看到的境界就變成了「止息」；他們沒有辦法用佛的角度去俯視「涅槃」的另一面，也就是「佛法無邊」的這一面。

無邊，就是沒有限制，也就是自己的智慧融入了「都可以，就是大覺醒」的合一（註）。所以真正圓滿的開悟者是佛，他就是可以一直去創造的那個人；因為他會看到「色即是空」這句話「無限」的那一面，而非僅是「無念」的那一面。

那麼談苦修、清修的人，為什麼看不見佛看見的「佛法無邊」呢？就是因為「初發心」的不同所造成。佛的初發心並不是要為自己滅苦，而是要為「所有的人」找「滅苦之路」，這個基本設定其實差異很大，造成日後智慧程度的天差地別。但這不是今天的重點，我們也不談。

所有佛教的經典裡面，事實上都在告訴你，佛菩薩的本尊是如何莊嚴美麗、穿金戴銀，更告訴你佛的淨土是如何的「黃金為地、寶樹成林」。因為佛的覺醒，是基於其大乘之初發心，覺醒到無邊的創造與自由，於是你既然能夠不斷創造，又怎麼會有一秒鐘需要去執著任何已創造的東西？沒有往這個自由度去領悟成佛之路的人，只以畏懼染著而修持，自然而然會讓自己的修行觀念，朝向「禁欲」和「害怕生命中一切五感享受」而去做所謂的「修行」；而這樣的「減法」，也變得缺乏多元的能力與方便（千手千眼），去廣度眾生。

所以一談到修行與神聖，就想到要清苦、要清貧的話，這個觀念是必須要去修正的。學佛或學禪，如果你學得對，它是會讓你從內而外、更加的盈滿與富有，更具有創造力而祥和。於是，相對於你的智慧而言，你看得出遍地都是資源（遍地寶藏），你才能夠真正地少欲；因為對你而言，隨處都可以創造美好，你才能夠真正地不執著；也因為人世間的黑白你都願意學習去轉動，因此而真正「中觀」一切的觀念，你才能夠有金剛不壞的「無念」。

可是這個無念，不是什麼念頭都沒有的那種頑空，而是你可以「看到」那個轉換各種「有」（有為法）之中的自由，這個「自由度」才是真正的無念，是活活潑潑的無念，一種由內到外的法喜。

所以也可以說，「風水」就是一切的「有的累積」；而你能透過智慧，去自由的變化這些「有的累積」，那就是豐盛，就是解脫（自由）。所以所謂的「出家」，應該是透過「出來為大家」，圓滿自己活活潑潑的「都可以」的智慧，而不是自己想要厭離什麼、想要往生到哪裡去，所以離開家庭而披上迦裟，那是不能夠學到「風生水起」的菩薩智慧的。

如果你能朝「風生水起地利己利他」去學習，你就會在這個學習的歷程當中，一點一滴懂得什麼是「千手千眼觀世音菩薩」。那麼你的靈魂功課所帶來的那個太極，便會從黑白分明的觀念裡，旋轉得愈來愈快，最後成為在你背後的那道佛光。

（註）請參閱《都可以，就是大覺醒》一書第四章，商周出版。

☆有句話，佛可以說，你不能說

有些人會說：「真正的佛，一定是無條件的慈悲的，不管什麼樣的人祂都會救。」高靈說，只要你還投生在地球，還站在地球上，這句話由你口中說出來，不管怎樣就一定會是錯的。

不要誤用「慈悲」

當有一天你結束輪迴，回到神性的時候，你真的回到那個「靈的合一」時，你講這句話才會是對的；如果你還在地球上，請記得，講這句話會是對自己有害的。

為什麼要講這個主題給大家了解呢？因為現在有很多酸民會說：「真正的佛一定是很博愛的，不會有偏愛，一定是什麼人都救的；真正的老師一定會一律平等地幫助人的……」試問：如果真是這樣，那怎麼還會有你現在的這個處境？宇宙間有千百億恆河沙數的佛，不是早該把所有人都給救光了？

其實，佛都已經丟下過多少個救生圈給這些人了，他們連拿都不願意伸手去拿，甚至連看都不屑一看，那還要佛怎麼做？是想要把佛也拉下去嗎？

在地球上，除非你已經是個「幾乎完全將你的生命，投入在對別人的奉獻上」的人，或許你這樣講還可以有點資格。但是，如果你還在討愛，還在以顧你自己的錢財、成就、情愛為主要目地的人生裡，追求著你小我的「滿意度」，你所說的這句話就永遠會是不對的。

有很多人只想追求自己想要的，根本對自己在人世間種下的因果不想去看、也不想負責，一路走來很多該做的事，心裡面常常偷偷地拒絕、掩飾、逃避；可是另一方面又說，他也想要脫離茫然無聊的人生，羨慕別人的豐盛，被神、被佛所眷顧著。於是去接觸宗教或神佛這一塊時，就一天到晚想要天堂掉下來的禮物，想要「神愛世人」；甚至拿著他的尺「嚴選」著靈性老師有沒有「無條件的愛」。請記得，這些想法永遠都會是錯的。所以有百分之九十九點九九九的人，都在誤用「慈悲」這個詞，這是很值得深省的。

這句話只有在什麼時候說才會成為對的呢？唯有當你回到五次元的「神性自在」中，跟所有的高我合一的時候，那時候說這句話才會是對的；也就是說，這句話如果是佛來說，那是對的，只要是在地球做功課的任何人，用這句話去期待、定義「靈性的慈悲」，就一定會是錯的。

你必須先向前走，神才會在後面「推你一把」

甚至於，一個經常把「真正的佛一定是無條件的慈悲的，不管什麼樣的人祂都會救」這句話掛在嘴邊的人，等於在開啟自己「鬼門關」的入口。如果這個人沒有任何作為上的改變，該做的事他都不做的話，五年內大概就會離開這一世，需要重新再來做功課。說五年內還是保守的講法，可能還會更快，因為他會一直在人生中出狀況，而且狀況會愈來愈嚴重。

為什麼會這樣呢？這也是「吸引力法則」所致，是他把自己推向那個境地的。因為他平常的作為，就彷彿一直去跳入河中，來證明看看有沒有人願意救他？然而，佛只會在你主動「回頭是岸」的時候，才會伸手幫你一把的；如果你就是很「三寶」的不願意去覺察，或是一直遊走在人生的及格邊緣，讓自己隨時有掉下河去的危險，那麼如果有一天你終於掉下去了，佛是不會去救你的。這是真相喔！請謹記。

而且，當你掉入河中，就算有人向你丟下了救生圈，也會發生只差那麼一點點、可是你就是構不著的悲劇，因為你自己創造的「吸引力法則」，讓你已經「看得到拿不到」了，你讓你自己和那個得救的平行宇宙版本，已經分離了。

有些自己明明已經活得很不好的人，去接觸宗教信仰，或去廟裡面拜神的時候，他執著不放的東西，其實他都迴避去看，還想要抓著一些小聰明來把險路繼續走下去，明明知道將來狀況有可能會更差，卻面對著佛像心懷此念：「不管我將來變成什麼樣的狀況，真正的佛一定會救我的，真正慈悲的話一定是這樣子的。」

還有些人自己現在不好了，想去求助，就心想：「真正有愛的老師，就一定會救我，不救我或開出條件的，那都不是真正有愛。」

這些都是錯誤的想法，這種想法的根源，其實是想把人家「拉」下來當你自己「因果」的墊背，一點都不是出於善念。事實上就清醒的人來看，一直以來，對你自己最殘忍的就是你自己啊，你對自己都不慈悲了，憑什麼要求別人來對你慈悲呢？

宇宙間慈悲的力量們，在一個人不想真正「回頭是岸」的時候，是會僅僅簡單地說「請便」的。而這個「請便」就是「無常」的意思。「請便」就是說：「那麼就由你自己去經歷你所選擇的無常吧。」

很多人都是想像，慈悲的神或佛是站在他的前方「拉他過來」，其實不是的，神是站在人的後面，等待著、看著你有沒有向前走的，你必須先向前走，祂們才會在後面「推你一把」。

最後留給聰慧的人這段話，請各位去參：地球功課的真相，有點像是「神隱少女」的故事，主角的父母已經變成豬了，她為了那份牽掛，也不得不留在那個魔界，想辦法要找到他們、解除魔咒，否則她也可以不用去救，自己離開就好了。那既然她有「情」要去救，她就要面對這麼多功課，通過之後，她才能夠帶著她希望的圓滿離開。那麼，為什麼當她被允許離開的時候，唯一的條件卻是「不能回頭看」呢？什麼又是「回頭看」呢？

如果暫時參不透也沒有關係，至少記得，神並不需要人們給祂立道德的貞節牌坊，也不介意你說祂有愛或沒有愛。重點是，大家常常聽到別人發生事情的時候，他們第一句話總是說：「為什麼會是我？」那你是不是也有把這句話聽進心裡去呢？因著人類社會的種種無明所互相製造的「人間無常」，其實是個比你所以為的，還要殘酷萬分的實相；深深地看懂這個的人，就會毅然決然地馬上開始向上走，那麼這樣的人，也才會深深地懂得，什麼是「自己對自己慈悲」的那種——真正的慈悲。

☆什麼是「功德」？什麼是「業障」？

只要是華人，對「功德」、「業障」這兩個詞一定不陌生。然而真的有這回事嗎？即使你是相信有這回事的人，也會發現它們的意義眾說紛紜；尤其很多的宗教團體，用「功德」這二個字用得讓人覺得有點排斥，會覺得他們用得有點操控性，有些說法甚至讓人覺得很迷信，所以反而變成許多人是愈來愈不相信這個了。

可是功德或業障，其實有它真正的意思、真正的原理。如果了解它的原理，你就可以自己判斷對方今天講「有功德」，或者他說「這樣做有業障」，到底是不是真的了。所以，「你所做的事真的有功德嗎？」、「那樣的行為會有業障嗎？」今天就來釐清這個主題。

潛意識裡的連結

首先我們從玫瑰花講起。如果是有香味的玫瑰花，湊得很近去聞，真的會覺得很享受，那股香甜的氣味令人感覺到幸福。我們現在想像有一個人很喜歡玫瑰花的味道，而且在他的生命裡，與玫瑰花曾經有過一個很深刻的連結，那麼當你拿著玫瑰花的照片給他看，或許你就會聽到他說：「你知道嗎？我現在就好像可以聞到這花的香味呢！」對你來說或許只是看到一張玫瑰花的照片，然而對他來說，他卻可以聞到玫瑰花的花香。通常在心理學上會說「那是他記憶裡面的味道」，是從腦海裡面重現出來的，不是真的有那個味道。

很多時候這是對的，因為我們也可以在腦海中逼真地去經驗自己的VR，可是，不能否認有人也有過另一種經驗。譬如說，有兩個人在同一個屋子裡面，突然間有一個人說：「欸！你有沒有聞到檀香？」你回應他：「沒有啊！」但他卻堅持說：「可是我真的有聞到！」接著他就在房子裡到處聞，看看哪裡剛燒過檀香，或是隔壁有沒有人在燒香。雖然找了半天都找不到，但他當時並沒有在想像著什麼，而且他是用鼻子去找氣味的來源的；有時候甚至是好多人都同時聞到了檀香味，卻也都找不到氣味的來源，我們就會覺得這是個很奇特的經驗。

在這種經驗裡，我們是不是真的有聞到這個味道呢？高靈說，是的，我們真的是在空氣中聞到這個味道的。

但原理是什麼呢？其實在我們的空氣裡面，一直都有種類多到超乎我們想像的、具有香味的分子，只是每一種香味分子的數量都不多，所以我們會覺得一般的空氣是沒有味道的。好比說我們現在上課的這個空間裡，也是有十公里或五公里之外，某一株植物飄過來的香味分子，那些分子就這樣飄了十公里來到這裡，但是因為那些分子太小了、數量太少了，我們一般人聞不到，就會根本不知道。然而若是有毛小孩在這裡，例如狗的嗅覺可以是人類的四十倍到五百倍，那麼這個空間裡頭的氣味對牠而言，就會好像是一個「花團錦簇」的地方，充滿了各式各樣豐富的氣味。

也就是說，如果現在有一朵玫瑰花的香味，正好在人的嗅覺可以聞到的最低限度，如果把這個香味稀釋五百倍，所有人一定都說沒有玫瑰花的味道，可是狗卻能夠知覺到。所以，對我們來說，那個稀釋成了五百分之一的味道是「零」，可是對狗來說，那「五百分之一」的味道卻還是可以成為牠的「一」——也就是說，如果狗把注意力放在嗅覺上面，牠是可以聞得到的。

同理，高靈說：其實我們的空氣裡面有太多的味道了，只是對你來說你聞不到，但不代表沒有；那麼在某一些時候，為什麼你突然能夠聞得到？那是因為，在你潛意識裡面對那個味道的連結，有一個特殊的、較為深刻的路徑。例如如果你們累世的人生，一直都跟宗教或修行有所關連，即便空氣裡面只有萬分之一的檀香分子，但當你們談論起這樣的話題，開啟了心裡面的那個「吸引力」時，那個空間中萬分之一的檀香分子，在當下就能夠變成了你們的「一」，也就是你們真的能夠知覺（聞）到它了。

如果這樣說你覺得有道理，但是還是有點玄，那麼舉一個反面的例子，你就更容易了解了。你有沒有認識過這樣的人，他常常會說：「欸，有煙味！你有沒有聞到？」可是當別人都說沒有，他仍會很堅持說有，並且開始尋找味道是從哪裡來的。有的人對煙味可以敏感到，就算這個地方有人抽煙已經是半個鐘頭前的事，他還是可以聞得到煙味。所以你知道為什麼狗可以追踪壞人？壞人走過去一段時間了，狗還可以循線一直聞，然後找到那個人逃跑的的路線；對我們來說，一個人走過就走過了，怎麼還會有味道留下來？但其實是有的。

可是什麼人會對煙味這麼敏感？通常就是特別討厭煙味的人，不是嗎？那為什麼他會那麼討厭煙味呢？正是因為在他的內心裡，對煙味有一個比別人深刻的連結，而這多半跟恐懼有關。例如也許他有個親人是老煙槍，結果得肺癌死了，假如他也很怕死，這真的會嚇到他，在潛意識裡面，他就會把煙味和死亡連結在一起；有時候是前世發生過的事件所形成的連結，今生藏在他的基因裡，所以他一聞到煙味就覺得很討厭，可是卻說不出來為什麼。然而無論是今生或前世紮下的連結，像這樣的人，他就會有一種「超能力」，可以聞到空氣中非常非常少的煙味分子。

所以在以前的課堂中高靈曾經說，人是如何來輪迴投生的？祂說人類的輪迴，有百分之七十的原因是因為你所討厭的事。那個時候你可能聽得很不是滋味，覺得：「怎麼會這樣？為什麼我不能跟我喜歡的事情一起來投生？為什麼我要跟我討厭的事情一起來投生？」答案也就在這裡了。

對於剛剛經歷完了一次人生，已經脫離肉身又回到「都可以」的靈魂而言，「當下」是億萬個平行宇宙都同時存在的（註），那這「億萬個平行宇宙」就像億萬個空氣分子一樣，每一個味道都不一樣，但是這個靈魂會把哪一個變成它的「主要的反應點」呢？它會讓哪一個「億萬分之一」的平行宇宙變成它當下的那個「一」（就是下一次投生的知覺焦點）呢？其實多半是取決於它的「討厭」跟「恐懼」的。也就是說，靈魂對於討厭或恐懼的那個平行宇宙的版本，反而會比較知覺，所以讓靈魂進入下一次輪迴的吸引力量之中，「討厭」的吸引力是比較大的。

接下來這個說明會讓你更清楚：你在眾人面前做了演講或表演，就算全場統統給你拍手，可是就有一個人沒拍手，你有沒有發現，自己回家以後會情不自禁一直想著：「那一個人為什麼沒有給我拍手呢？」所以你的意識實際上是被勾引進入那個人的世界裡，變成繞著他的反應在轉的，那這像不像是你這輩子的某些功課呢？你一直在繞著某些人給你的限制而轉不出去？又例如你講了一個笑話，大家都在笑，可是，「他為什麼沒笑？他為什麼沒表情？」你就會因為那個唯一沒有笑的人感到在意。

所以是誰會從「幾分之幾」裡面變成你的那個「一」？你會發現常常是那個「你討厭的、你害怕的、你不喜歡的」。那麼輪迴的吸引力原理也是這樣的。

所以雖然很多人接觸了 New Age 所講的平行宇宙概念，很樂觀地告訴自己「每一個當下其實都有『無限的可能』」，可是重點是，哪一個「億萬分之一」的可能，會變成你當下的「一」呢？那不是你的頭腦可以「挑選」的，就要看你的內在潛藏了什麼，會去把哪一張「實相」挑選出來，變成你主要的知覺焦點了。這種「媒合」的速度是遠比你表面意識的思想要快的。

所以如果你不修行，真正地去改變你的內在，光靠你用頭腦去告訴你自己「我要看開」，你還是不會看到那個「開」的。（這也就是高靈在課堂上常說的那個「DNA反轉模式」——人們所汲汲營營的剛好會是「功課」，你頭腦的努力剛好會讓你走向相反的方向。）

做功德或造業障，是一線之隔

再拉回到今天的主題。因此，我們現在來想像，如果有一個人很喜歡花香，對花香的感覺特別深刻；另外一個人則特別討厭煙味，對煙味很敏感。若他們倆一起在一個空間，那會發生什麼事情？其中一個人會說：「好棒喔！這裡有花香，我有聞到某種花，它的花是白色的很漂亮，香味就像什麼……」講得好像在品酒；可是另外一個人反而對煙味很有感覺，他會說：「天啊！這裡有煙味，臭死了！你沒有聞到這裡臭得要命嗎？」於是你會看到一個很弔詭的景象，那就是有兩個人同在一個空間，一個人覺得好像在天堂，另一個人卻覺得好像在地獄。

如果有一個人他對煙味非常敏感，他到哪裡去都會經常發現煙味，躲都躲不了，他就會覺得這個世界好討厭，讓他好難過，他的心情真的會很糟，這種感覺是非常真實又深刻的；然後他的無奈漸漸地會演化成抱怨，最後化為一股無法宣洩的怨氣，內在的憤怒就會把他變成正義魔人或是網路酸民。如果你能設身處地地了解這種狀況的話，你就會知道，他們真的就如同活在某種地獄裡，那種難過、生氣的能量必須要有個宣洩的出口，所以講話才會那麼尖酸。而如果你真的能了解他們所處在的「陰陽魔界」，你對他們的情緒真的就會少很多，你就會有慈悲和願意等待了。

於是我們可以這麼形容：能夠把千萬分之一的花香變成「一」的這個人，就好像「因為他以前做了某些事而有功德」；另一個人聞不到花香，反而把千萬分之一的煙味變成他當下的「一」，而感到很不舒服，那就好比「以前他有做一些事而有業障」。

所以什麼叫做「有功德」？什麼叫做「有業障」呢？就是：如果你今天做了某些事，這些事的結果會使得你發生一個改變，這個改變所創造的心理連結，是「以後在很多的當下，我會變得更容易回到喜悅」，那你做這件事就叫做「有功德」；那如果今天你做了一件事，這件事所產生的心理連結，會讓你「以後在很多的當下，更容易覺得討厭」，那你現在做的這件事，就可以說是一個「會造成業障」的事情。

所以怎麼去判斷做一件事情有沒有功德呢？例如拉人家去信教，到底是有功德？還是有業障？那就要看這個去傳教的人，在這個過程中把自己改變成什麼樣子。如果他變得愈來愈看不慣跟自己信仰不一樣的人事物、愈來愈討厭這個世界、也愈來愈只想要跟相同信仰的人在一起，那麼就表示他的業障是愈來愈重的；反之，如果他進入信仰以後，卻愈來愈能夠了解更多跟他不一樣的人，愈來愈願意跟所有人創造雙贏，或是耐心地等待對方的成長，那這就表示他的所作所為，都是在累積功德，才會如此回饋到他的自身，讓他的內在與「討厭」及「恐懼」的連結愈來愈弱，而與「慈悲」的連結愈來愈強。

因此，以做心靈工作的老師或宗教人士為例，你是在做功德或造業障，就是一線之隔。真正會有功德的作法，它是要用「分享」，而不是用「拉」的。但所謂的「分享」，也不是一般人認為的那麼簡單，就是「我講我的經驗，你要不要聽，我不強求……」，雖然這樣已經是不錯的心態，但其實你還是有很多的自我是沒有放下的。有的人為了去分享，會很願意學習去了解對方，然後去練習做很多不是原來自己擅長或習慣做的事，目的就是為了搭一座對方會樂意走過來的橋樑，讓他有機會看一看不同的生命風景（這個過程，就是真正的在修大乘佛教的「無我」）。

只要有智慧，你就能轉得動太極

比如以前老師自己寫文章或是幫助個案，也會有我的風格跟堅持，但如果已經不是適合現在的人，我也必須改變，可是我也會不習慣，甚至認為自己是對的，不願意做調整。但因為高靈會在生活裡面，碰到適合的時機，就用當時發生的事情給我機會教育，才逐漸打開我的觀念與自我，讓我的頭腦慢慢轉過彎去。

在這個過程我常常體會到：本來我影響不了、振振有詞地評論為「是他還沒準備好」的人，當我願意調整的時候，卻變成可以成功地接引他了。而當我看到一個以前我老覺得拿他沒辦法的人，現在竟可以讓他轉變、讓他聽得進去的時候，我就會回到當初那個我想幫助人的原點，感受到那種——回到愛的圓滿，所帶來的感動與喜悅！

當我一直願意在心靈工作中放下固執的自我，慢慢地，我所努力想做好的事，成效真的就更好了，可以影響的人也就真的愈來愈多了；於是在我的生活裡面，就能感受到愈來愈多的喜悅與感謝，物質的豐盛自然不在話下。而最讓我自己感謝的是，這個「地球」已經被我了解到「愈變愈小」了，你不再覺得有什麼人或狀況是你需要懼怕的、會威脅你的，你體驗到，任何狀況都可以有出口；只要有智慧，你就能轉得動太極。

那麼，高靈說，最終的「解脫輪迴」就是這樣發生的，因為你的人生一直在向上述的方向開展，你的心就會常常感受到一種愈來愈平常心、愈來愈無念（沒有懼怕、沒有遺憾、沒有牽絆，只剩下明白）的「圓滿」。當這個心境愈來愈多時，有一天，當你結束這一世離開了身體，你的靈魂進入了「都可以」的時候，它將從那「每個都是千百億分之一」的無限多的平行宇宙裡面，將「靈的合一」——也就是《奉獻》一書中說的「五次元世界」（也就是高靈的世界）契合出來，成為你當下的那個「一」。也就是說，你的靈魂會辨認出那千億分之一的，來自天堂的玫瑰花香，然後就這樣與之合一（往生）了（生則實生，往則無往）。

「脫離輪迴」就是這樣的原理。

修行其實就是「近朱者赤」

《奉獻》一書所說的「五次元世界」，就是脫離輪迴的世界，在那裡，所有靈都是合一的，也就是聚集了一切佛（高靈）的無私奉獻的世界。那麼，這個世界有沒有在你現在聽課（或閱讀文章）的這個當下？當然是有的，就像當下的空氣中有各種分子，「五次元世界」在你當下的無數平行宇宙之中，也是那個千萬億分之一的存在喔。可是對大部分的人來講，他沒有辦法感覺得到、沒有辦法把它變成當下的那個「一」——那個主要的焦點。所以他們就會覺得「神不存在、佛不存在」，那因為大家都說不存在，你也就覺得不存在。可是如果一直在做「跟隨神」這樣的修行、一直在「造橋鋪路」，而愈來愈常地感受到內在「愛的圓滿」的人，那麼你還不用脫離肉體，就已經很容易在別人覺得的「五濁惡世」裡面，去連結到五次元的「花香」了，你會過得愈來愈豐盛。

為什麼說是「豐盛」呢？因為當你的心與「五次元」形成了穩定的連結，那個無私奉獻的世界所給予你的點化與智慧，會讓你在這個人類世界，愈來愈遊刃有餘，你的感覺就會是「步步蓮花」，而不是「步步驚心」了。你會明白，透過智慧，你腳踏出的每一步，就好像會有一朵蓮花化現，將你托住，是那樣穩健與優美。也就是說，你所在的任何空間裡面就有無數的訊息，也有來自佛的世界的訊息；當你的心常常能夠感受那個愛的圓滿的時候，你所收到的來自祂們的訊息，就會變得愈來愈清晰，就像到任何地方，都常常能夠聞到「花香」一樣。

所以當你是在「照顧別人、無私奉獻」的時候，你就會像一個佛的粒子，會從佛的世界那邊源源不絕地收到很多幫助別人的智慧、資訊與靈感，它們就會源源不絕地到來，過去會困住你的泥沼（你認為的無價值），便會長出一朵一朵喜悅的蓮花，並提煉出各種不同能力的法寶，而你就端坐在法喜與法寶所構成的生活當中，這就是豐盛。

然後，在你往上走的過程中，有些階段性的完成與開始之點，你就會 match 到整個佛的世界都在為你歡慶，仙樂飄飄，你就會知道「唐卡」所繪畫的表徵，原來是真實的。

所以高靈也曾說，什麼是修行呢？從某個角度而言，修行其實就是「近朱者赤」。當你自己常常在做神的事情，你的心常常去學習神的作為的時候，你就很容易「聞」到神的國度，你就會把那個對別人而言只有「千萬億分之一」的「神的次元」，逐漸拉近變成你的「一一」；

而從「神的次元」流過來都是對你無私的奉獻，當然都是很好的教導，都是愛、耐心跟等待，你就會沐浴在其中，成長得更快更好。

反過來如果你所做的都是鬼的事情，你的用心都是計較、自私……那麼你也會把「鬼的次元」愈來愈拉近成為你的「一」，而從那邊流過來的訊息就會是自我、虛榮、不安全感跟恐懼的訊息。

所以你要讓自己愈來愈接近天堂，或你要讓自己愈來愈接近地獄，就是看你怎麼去形成你自己的「吸引力」。要接近天堂、接近脫離輪迴，你就要用「感謝＋反省＝奉獻」，去形成你內心的良性循環。

也就是說，當你以「感謝＋反省＝奉獻」去做事情時，其實就是在淬鍊自己，很多的不清楚或很多的自我，就自然慢慢地蒸發不見了，然後神的訊息對你來說就會愈來愈清楚；這個無私奉獻的神的國度，對你來說就不是抽象的靈性概念，而是愈來愈近，愈來愈清晰的真實感覺了。然後當你死了、捨掉了你的肉身的時候，神的世界就會變成你的「一」，你就會很自然地去跟它合一。這就是脫離輪迴的路徑，這個路徑成立的原理就在「感謝＋反省＝奉獻」。

所以人世間最大的功德是什麼呢？可以這麼說，如果用「感謝＋反省＝奉獻」去分享的話，就是最大的功德。你想脫離輪迴的話，不在於你是什麼行業，不在於你是否是出家還是在家，也不在於你有沒有吃素，而是在於你是否能夠以「感謝＋反省＝奉獻」，去為自己清除掉所有的恐懼，回歸到能夠對所有人的等待和慈悲。

靈魂的原點其實是「愛」

每個時代都有人來傳承上述的道路給大家，就看你是不是願意往這個方向走。然而，不管你願不願意往這個方向走，在傳承的人還是會繼續往前走，也會很自然的走向解脫，最後只是會把這個走過的痕跡留給大家去參考，他是不會有牽掛的。所以你一定要自己願意循著這個路往前走，沒有人會去拉你的喔！真正開悟的人、真正的菩薩，他們是不會去勉強任何人的。但是你要知道，千萬億的平行宇宙，大部分都是苦難、恐懼、不甘心與人踩人的輪迴，你真的覺得這樣很好玩嗎？

最後，如果你很真誠，你會知道，其實在人世間，你根本「不想恨任何人」，你一點也不想真的討厭某個人，當你說「你去死吧」，真的是讓他去死你就會開心嗎？其實不是的，那你恨他的原因是什麼？只因為你覺得你是受害者，你充滿了無力感，覺得他一直在危害你，你生氣他為什麼不能好好對待人，所以你才會無奈地變成恨的。可是你是不是真的想去恨一個人？不是的，恨一個人可以有什麼好處呢？

所以其實你會發現，在你生命中覺得最圓滿的片刻，就是「你看到一個你很討厭的人突然浪子回頭，說了一句人話的時候」，那時候其實你是會鬆下來的；因為你不想恨他，當你終於從他身上看到一個你可以不用恨他的理由，看到他可以——哪怕是只有一點點——變好，其實你都會很開心的。

那這代表著我們靈魂的原點其實就是「愛」，這就是「愛」啊，我們很想讓我們的生命最終能夠落回到這個圓滿，而不必批判任何人，然後我們就會無念（停止分裂）了，那這個就是「五次元」的意思。

雖然我們的頭腦可能有很多的理由去告訴自己：「不可能的、在這個社會是不可能的。」所以就假裝很懂事的、假裝是一個大人樣子的，滄桑地活著。可是我們每次聽到「回家」兩個字、聽到「圓滿」、聽到「愛的流動」時，我們怎麼就會不由自主地悸動萬分，總是想哭，為什麼呢？因為那就是我們真正的渴望，那是真正來自內心深處的召喚。

當你有這個渴望的時候，你會知道這一剎那的心是最真的，可是因為很多的「不可能」、「做不到」與挫敗感，我們就覺得那就像要去摘天上的星星一樣困難，簡直是一個妄想！所以那就算了，還是繼續過著互相提防、互相利用的生活比較實際吧。

所以不管你賺到了多少錢，或用了一些條件或學歷，去跟一個人結了婚，你永遠都不會有安全感，永遠都不會覺得找得到心裡面的踏實和圓滿，然後就一而再再而三的換個人、換個工作、換個一世吧……可是你的高我就一直在你的內心深處對你嘆息著：我為什麼就是不能深深的滿足呢？就這樣一直流浪、一直尋找、一直苦著……這就是「輪迴」啊！

但這樣形容的飄盪還是好的，還有很多人到後來心就「變壞了」，因為他受了太多的傷，從本來的「真善美」就變成「白髮魔女」，他不再相信了，他覺得你們這些講什麼愛、說什麼靈性的都是騙人（錢）的。變成這樣想法的人，其實就是掉到地獄裡去了，因為他就會透過這個「不相信」，在每個地方都把別人心裡面的「地獄成分」，變成他當下的那個「一」（全部），然後他就去先下手為強了。

那為什麼我們會漸漸遺忘了回家的路呢？就是因為我們有很多受傷、很多轉不動現狀的事情；我們看到別人做壞事，或看到別人踩著別人上去，覺得很可怕，又無力改變，就憂鬱了，或就開始想學壞了。可是為什麼學習智慧的人能夠走向解脫呢？就是因為，他雖然也面對了這一些事實，但是他並沒有戴上粉紅色眼鏡說這世界都只有愛，他也知道有各種人有各種「心」，可是始終他都會學習怎麼去轉動，怎麼去創造雙贏，怎麼去讓自己的愛在所謂的五濁惡世裡面，還是能夠步步蓮花。

要在我們認為的五濁惡世裡面去「步步蓮花」，你就不能逃避、不能進入恨，如果進入恨就會變成：「我看透了這個世界，都是很愚痴、自私、都沒有愛，那我就去山上修行（顧自己）好了。」那這樣就沒有辦法脫離輪迴的，因為其實你已經受傷、你的心裡是無法感覺到那個圓滿的。

我們其實真正想要的是：「我就是置身在這個人世間，可是心裡面是圓滿的、是不懼怕的、是可以創造豐盛的、是不需要討厭任何人的。」那麼你覺得達成這個境地很難嗎？其實不會，如果你聽懂了今天所說的內容，你需要的就是開始去累積「真正的功德」，並且持續下去，讓這些真正的功德打開你與五次元世界的連結，讓你的生命中真的有來自「佛的世界」的帶領，那麼你的人生就不僅是「離苦」，還真正可以「得樂」了。

（註）這個部分如果不清楚，請參閱《都可以，就是大覺醒》一書。

※本文整理自二〇一七年九月三十日「心的智慧」禪修課，章成老師講，高錦冠、劉聿芳整理。

☆讓神對你靈驗的祕密

每個人或多或少都曾經向神明祈求過指示，無論是用占卜、求籤、通靈收訊息等等的方式。然而即使當時收到的指引是正確的，很多人照著去做也會不靈驗，為什麼呢？本文就要解答這個問題。

求上天指引，幾乎都會夾帶「考試卷」

高靈訊息分兩種，一種是你去求的，一種是高靈主動給予的。我與M幾乎都是高靈主動來給予訊息，因為我們對人生幾乎都無求了，我們的餘生就是將自己當作一個橋樑，高靈希望我們去做什麼我們就去做。不過這種狀況，是你必須有相當的德行，否則的話，你收到的「高靈訊息」也不一定是「高」的。這個意思是說，各種層次的訊息其實是無所不在的，如果你沒有準備好，收到的訊息層次也會比較低。所謂的「低」，就是裡面也會有陷阱；但「陷阱」這種形容，是就已經提升上來的人來看，可以看到它的偏斜之處。但這不能說那個訊息好或不好，因為就這個收到訊息的人當時的階段而言，那也是恰到好處的「功課」；

如果他聽從這個訊息走那麼一遭，結果看清楚更多事的話，也會變成一種提升的禮物。

很多人有疑難時，會想去扣問來自更高層次的訊息，也許透過打坐冥想，或到廟裡求籤、用牌卡占卜，或是找能夠通靈的老師諮詢等等，你一定希望得到的是可以讓你「少走很多冤枉路」的指引。假如你很真誠，你是可以得到對你真的有用的訊息的；可是，即便訊息是對的，也只是一個好的開始而已。有一件大部分人不知道的事，那就是：

當你去求上天給你指引時，無論是透過什麼管道來給你，你所收到的訊息，幾乎都會夾帶一張「考試卷」。如果這張考試卷你答錯了，那麼明明是對的訊息，未來在你的平行宇宙裡面，也會變成是無效、甚至在你看來是錯的。

也就是說，上天給你指引，你當然會很高興，你的焦點會放在你所得到的答案上；可是上天給你答案的同時，也巧妙地讓那個答案成為你的考核，如果考核不通過，這個答案就會失效。

例如你找占卜師用塔羅問你的一段感情會不會有復合的機會？結果牌卡出現的是逆位「死神」，彷彿很明確地在告訴你，你們是很可能復合的。可是當你聽到「會復合」的時候，你的頭腦就會產生一張細數利弊得失的「清單」，它會不由自主地羅列更多問題出來，例如：「那我現在該怎麼做可以挽回？」「復合真的好嗎？」「我該怎麼處理目前的另一段關係？」等等，事實上，考核就從你思考這些的時候開始了。

或是你問一個通靈者，你的事業該怎麼辦？結果他的訊息告訴你，到國外會出現適合你合作的對象。於是你便開始改變你的計畫，打算出國，也許你需要賣掉房子，或是去說服誰支持你、或是辭掉工作……當你按照訊息給你的方向去做的同時，有一個祕密考核會在你執行的時候進行，這就是為什麼形容它為「考試卷」。

如果你沒有通過那張夾帶在裡面的考試卷，你會被自己刷下去，也就是，後續的發展會變成一場空；甚至你會覺得訊息是錯誤的，因為你明明已經按照這個指示去做，結果事情的發展卻反而變得更糟。

你有沒有真的心存善念？

通常沒有人會跟你解釋是怎麼回事，所以你可能就會有各種情緒（例如埋怨神不靈），但其實真正的原因，是你表面上遵從了訊息，卻沒有通過那張夾帶的考試卷！這張夾帶的考試卷只考一件事情，但是由於題型千變萬化，所以你很難認出它的本質。今天看到這篇文章的你有福了！因為答案是可以告訴你的，**這張考卷考的就是：你有沒有心存善念**。

也就是，也許戀情真的可以復合，但後續你怎麼處理這個復合的過程？對於這個過程裡面所涉及的一切人事物，你是否有心存善念去對待？

也許明年你很適合去開始某個事業，你被告知「可以去做」，但在這個轉換軌道的過程裡所涉及的一切人事物，你將如何對待他們？用什麼意念與他們接觸？你能本著「心」所感覺到的天秤，去平衡施與受嗎？

甚至於，當你得到了指示，聽到了神給的方向，可是在你的心裡，是會帶著半信半疑賭一把的投資心態去做，一看到情況未如己意時，就立刻心生疑懼，想找別的管道再問看看？還是不會忘記自己之前對問題的懇切與祈求的初心，勇於付出堅持到底？

這些都是在看你有沒有「心存善念」，如果有，這樣去執行上天給你的訊息，你就會成功。

可是「心存善念」很容易嗎？很多人都認為自己有心存善念，然而真相是：大多數人其實常常對自己隱藏「做這個選擇或那個選擇」真正的動機，把它包裝成「善念」，欺騙自己也欺騙別人。很多人其實並不知道那個「心存善念」的「心」是什麼？他的善念是從「頭腦」去解釋的，是一種包裝，不是從「心」裡面去發出的。

你也許因為受了教育，變得很有教養、很有禮貌、從不說人壞話，但「教養」也可能是一種包裝，不代表你從內心的深處，真正是和善、慷慨的。如果你真的是這樣的人，你不可能一直在焦慮生命、一直在尋求訊息，你的人生是會愈來愈無求的。因為你會在非語言的層面知道「我是誰」，你會安於、並享受著這個「我是誰」，去做令這個「我是誰」感到喜悅而豐盛的事（奉獻），不會活在羨慕、自卑和嫉妒裡面，一直去追尋或渴望成為某種人。

所以在這裡要告訴各位一個很殘酷的事實：絕大多數人來投生，正是來修「心存善念」的（人們總以為這是最起碼的，自己早就達標，其實非也）。心存善念如果有這麼容易，人世間早就是個天堂，大家早就走向菩薩道了。

怎麼去修「心存善念」？

人都是碰到人生的十字路口，才想要向神求訊息的；退一萬步說，即使你碰到的是神棍，如果你本身一直是心存善念的話，連神棍給的訊息也會碰巧幫助到你。有句話說「傻人有傻福」，所謂的「傻」，就是「心地是善的」的意思；人生的各種關卡，你能不能通過的關鍵，就在於你有沒有心存善念。大部分的人都一直在同一個地方卡關很久、輪迴很久，這就證實，其實大家在「心存善念」上，還有得修呢！（就像全民健保怎麼樣也會破產的話，那是怎麼造成的呢？）

拉回來講，如果你覺得自己可以通靈，或是你有困難會去求籤、占卜，或找老師諮詢尋求指引，請記住唯有「心存善念」，你的執行才會是對的，才會校準那個你想開啟的平行宇宙。

因此本文最最重要的重點來了：怎麼去修「心存善念」呢？

兩個步驟：

1、真誠地去感覺（反省）：我為什麼會遇到這個人生的十字路口？

2、誠實地去感覺（反省）：自己有沒有選擇做該做的事情？（我的本分做到了嗎？）

每當你的人生遇到了考驗，你能去意會到「上天為什麼會給我出這張考卷？」時，其實，這個「意會到」，已經是在通靈，也是回到了「心」了。

接著，你能不能感覺到，如果是由這份「心」出發，那麼回頭看過去的自己，能清楚自己在哪裡曾經走叉了路嗎？那麼對眼下這件事，是不是就會有感覺，該怎樣去做決定了？這就是回到「心」，真的遵循著善念去指引自己了。

我們投生來這個世界，就是來做我們自己的功課的，所以所謂「人生的十字路口」，那並不是無常，而是必然會遇上的；但那就是一個好機會，讓我們去完成自己的功課。所以每一個十字路口也都是你人生的墊腳石，是可以把你墊得更高的。

如果你不知道怎麼樣回到「心」去做你的功課，這也很正常，因為這就是為什麼我們一直在輪迴的原因，也許你的頭腦早就假扮了你的心，讓你難分真假了。你只要開始有意識地在遇到人生的十字路口時，去實踐上述那兩點，你的人生方向就會愈走愈對，你所求來的訊息，也會愈來愈靈驗的。

這篇文章，希望你能好好把它看懂，懂了之後去用在自己的生活上，如果碰到自己的關卡還是很混亂做不到，或分辨不了自己的決策是頭腦還是心，那再來找老師幫助你吧。

☆改變人生的關鍵句

——什麼時候適合來詢問高靈？

許多生命重大轉折的故事，都是敘述主人翁在某個時候，突然聽（看）到了一句話所致。這種改變人生的「關鍵句」，為什麼能夠有如此大的力量？其實重點並非那個句子，而是那時候的天時、地利、人和。

就是因為有那個天、地、人的因緣條件，所以那個關鍵句才會有用。

但讓一個人的人生能夠翻轉的所謂「天時地利人和」，要等到什麼時候？五年？十年？還是二十年？在這裡要顛覆一下慣性思惟：其實如果一個人的智慧愈高，就愈不用等（註）。

因為每一個當下，都有它的「天時地利人和」，只看你是否看得出來？如果要改變一件事情當下的走向，你只要知道在那個當下的天地人裡，該從什麼角度去切入，那麼你立刻就能將事情朝向你希望的方向演化了。而這個切入的角度，就會讓你「看見」那個「關鍵句」是什麼，也就是這個時候該說什麼、做什麼？於是你就能見證到所謂的「當下即是威力之點」（賽斯名言）。

高靈就是用這樣的方式，持續在帶領我與M成長的，單單透過日常事務，祂就能非常有智慧地給出關鍵句，讓我們在那個當口，即刻透過當時相遇的人、時、地、物，得到莫大的啟發，突破我們原本認為的局限。而由於這些「關鍵句」的點化幾乎是天天在發生，因此我們處事的能力也超乎自己預期地加速成長，使我們現在的一年，演化（創造）事情的效率可等同於過去的五年。

大家也許都知道，人工智慧AlphaGo在未公開真實身分的情況下，以帳號Master與中、台、日、韓頂尖棋士以「快棋規則」對弈，結果六十戰全勝。所以下一步對的棋，究竟需要思考多久？五分鐘？一分鐘？還是零點一秒？這些都是可能的；大陸的國家象棋特級大師柳大華，也曾經在一九九五年以一人對十九人同時下盲棋（閉目用腦中記憶的棋局去跟十九個人同時比賽），竟能獲得九勝八和二負的成績。

這就是說，人需要的不是有更多的時間去解決問題，而是有更大的智慧去縮短解決問題的時間（成本）。也就是說：究竟在這個「目前的天時地利人和」中，該用什麼關鍵句切入？你才會從原先的打結中快速脫身，並讓事情朝向你真正想要的方向演化呢？如果你不往這個方向去「覺」，不去開展這個「覺」，那麼你的人生就會進展得非常緩慢，再多時間、再多次機會都不夠用。

那麼顯然，這個「覺」，跟你在靜坐裡面追求的鬆脫經驗（無念或禪定），是不一樣的，因為它是動態的，是在你睜開眼睛面對著這世界時，你都能看到每件事情的各種平行宇宙的版本，看到它是透過什麼方式去演化出來的（也就是看見那個「性空」的「緣起」），於是你也就能夠在空無中，以你現有的相對位置去創造了，這才是「活的禪」。

所以，此時此刻的你，需要什麼關鍵句，你才有能力在當前這樣的條件下，有智慧的開創，而非被已知綁死？那些能讓你瞬間舒服、暫時平靜、或一時很 high 的答案就是答案嗎？如果你深知，這些不再是吸引你的東西，那麼我想你已經接近準備好，要聆聽真正的關鍵句了。那麼這時候，也就是你可以來找高靈詢問的時候了。

（註）這裡可以更深入地了解時間的奧祕，請再延伸閱讀《都可以，就是大覺醒》一書 P.72～P.84。

☆怎樣成為一個，常常收到高層次靈感的人

如果你是一個常常有靈感的人，你的心境一定會比較樂觀，因為你對生活的感覺會是：任何問題總有解決的妙方。而所謂的「妙方」，其實就是來自更高層次的靈感。不過對大多數的人而言，這種「福至心靈」的經驗很少，並且也似乎總是可遇而不可求。然而真相是：這些讓你心中一亮的靈感，其實就像結實累累的葡萄，一點兒也不稀有，它們是非常大量地聚集在意識較高的「天空裡」的，只要你已經成長到了能夠搆著它們的程度，你就常常能夠收取並從中獲得指引。

心常常為別人打開

那麼如何成為一個，能常常收到高層次靈感的人呢？首先你要知道一個大原則：當人都在想自己的事情的時候，就會收不到來自高層次智慧的訊息，而會進入頭腦的狀態在「想」。這不是「好」或「不好」，只是在告訴你，能夠收到高層次智慧的天線是怎麼打開、又怎麼關閉的。

能夠真正地、經常地收到高層次訊息（或稱為「靈感」）的人，是因為很多時候他都是在想別人的事情。例如看到路邊的公共設施有問題，他就會去想怎麼改善比較好？看到社會新聞裡面報導什麼現象，他就會去想如果怎麼做就可以轉化？像這樣，他的心常常在為別人打開，時間一久，就會變成他沒有為自己求，卻很容易收到來自高層智慧的訊息，來給予他指引。

人是這樣的：一旦去思考跟自己有利害關係的事情時，就很容易進入到「頭腦」（用擔心或欲望去計算）；而一旦進入頭腦就會關閉「天線」，於是就收不到高層次的訊息了。這種狀況就像「陰陽魔界」，有很多更好的角度明明存在，他就是看不到了；看不到又覺得自己頭腦想的是對的，一定要去執行或證明自己的「對」，接著就完全被頭腦控制了。

所以俗話也說「當局者迷，旁觀者清」，很多人一遇到問題，幾乎他的頭腦就只會跳進某個方向裡面運轉，屏蔽了其他方向的觀點，沒有了空間。其實這並不是他有什麼不好，只是他的智慧天線還沒有打開，所以遇到問題，就很容易陷進固定的思考模式裡面。然而這種狀態正是人家說的「事倍功半」，這會讓你做事情容易鬼打牆或一直跟別人雞同鴨講，於是事情與情緒也都會進入惡性循環了！人生如果常常進入這種「頭腦模式」，一定是會過得不好的。

所以要怎麼樣去改變這種狀況呢？這就又回到之前的文章裡面（註）曾說的「DNA的反

轉模式」了。你愈想要為自己打算，你的「意識頻寬」反而會愈狹窄，讓你產生的盲點愈多；所以倘若你願意反轉一下，常常去思考一些不關自己利益、卻是可以對別人或社會帶來益處的事物，那麼你就會慢慢打開你神性的天線，開始收到各種可以有助於別人也有助於你自己的訊息。

所謂「思考有益於別人或社會的事物」，這跟喜歡批評各種社會議題的網路酸民的做法，是不一樣的喔，它不是帶著情緒去思考，而是帶著一種善意或熱情去關心的。

要這樣反轉自己的關注領域，說起來簡單但做起來難，因為只關心跟自己有關的事情，這本來是人性使然！不過還是有方法的（所謂的「修行」，事半功倍的方法之一就是「近朱者赤」），你如果能讓自己去親近有這樣特質的朋友、老師，或是經常閱讀具有人文關懷的報導或文章，久而久之，他們的風範就會影響你，讓你的心愈來愈打開，愈來愈願意去跨越自己的本位主義，延伸你的關懷領域。這也是很有智慧的，幫助自己改變的方法。

總之，練習常常去思考跟自己無關，但跟「幫助別人」比較有關的事情，進入別人的狀況去替他們設想，去知道他們的難處，也去思考可能可以怎麼改善？這樣你就是在不知不覺中，逐漸擦亮你通向高層次訊息的天線了。

拿掉私心，為人奉獻，看見雙贏

除了這個練習之外，生活中處理很多事情時，你也可以常常去留意：是不是在裡面因為有自己的「私心」，所以會去影響到別人的權益，而讓對方吃虧？或是你做事的時候是否偏離了事情的本意，為了想證明自己而繞了彎路？如果你總是願意這樣去覺察，並且總是會把覺察到的私心拿掉，那麼你就會很容易看到「事情怎麼做其實是會最好」，甚至可以看到「別人該怎麼做，才會對他自己是最好的」。

這種「看到」，就是一個人在開啟高層次天線之前，先期必然會有的體驗（一種敏銳度的自然發生）；而他接收高層次靈感的能力，就在這種不斷拿掉私心、去為別人奉獻的實踐中，逐漸打開了。這件事並沒有捷徑——並不是你去接受任何「訓練課程」，或是誰幫你加持灌頂之後，你就可以接收來自高次元的訊息的。

一般人如果花三個月時間，完全按照這樣的模式去練習，那麼這三個月可以抵掉他三百世的輪迴，就有這麼大的功德！在《都可以，就是大覺醒》這本書中說過，一個人「回頭是岸」的路程，就像一條向上彎曲的拋物線，剛開始在拋物線的底部時，速度比較慢，可是等到某個臨界點來臨時，從那之後的加速度——那個「往上衝」——就會是古人所謂的「開悟」！而在實際生活裡，也就會是他的智慧與豐盛，會以指數型的曲線增長；在這個揚升裡面的人，將會充滿了屬天的靈感與指引，宇宙間慈悲的力量對他滿滿的無私奉獻。在這個階段，就不再是隱隱約約了，而會清楚地就像，高掛在天空上的日與月。

而這，就是「人人都能成佛」的那條道路。

（註）請參閱〈家庭的傷，要這樣好；人生的悟，要這樣開〉一文，出自《愛得聰明，對我們都好》，章成著，商周出版。

☆如何幫你愛的人增壽

人生無常，尤其年關一到，看到又老一歲的父母親，身為子女，總有暗暗的焦慮感在心中，所以農曆年除夕有個「守歲」的習俗，說是能為日漸年邁的父母親守住命光。不過真正能為父母親，包括所有你愛的人增壽的方法，是什麼呢？

人生是來體驗的

這就要了解「生從何來」的道理了。人到世界上出生，是因為靈魂設定了想體驗的事情，而這個歷程對靈魂而言，也是個需要學習的功課。所以當靈魂有了設定，他就來了；當他知道自己這次的學習告了一個段落，決定離開身體，人的一生就結束了（註1）。

重點就在於何謂「告一段落」？第一是，成功完成了當初設定想體驗的事。第二就是，按照現在的狀態，已經碰到頂了，靈魂知道已經沒有辦法以這個身體，繼續去完成那個功課了，那他就會選擇離開。絕大多數都是後者。

至於離開的方式，也是靈魂選擇的，無疾而終、生病、車禍、意外災害，或甚至是被罪犯傷害而走。很多人難以相信，靈魂會選擇以人的角度而言、似乎很痛苦的方式離開，但離去方式的選擇，仍與靈魂想學的功課有很密切的關連；用另一個角度可以說，靈魂到肉身生命的最後一刻，都還在進行學習，所以他離去的方式也對他的進程有意義。只是人的三次元頭腦，和靈魂的目的沒有合一，所以就看不出來；再加上自己也有很多恐懼，對生命的意義還有很深的不明白，才會產生很大的情緒，不能接受。

所以一言以蔽之，靈魂的關鍵字就是「學習」，靈魂透過一個身體來到世界上被你看見，成為你的朋友、家人、愛人，他是來學習的，學習去完成自己的設定，然後就能擴展自己的合一（或說回到那本來的合一）。

「學習」是靈魂的關鍵字

因此如何幫助你所愛的人延長壽命？就是幫助他學習得更快。因為如果靈魂的學習加速，他就不用卡在原先的瓶頸，然後選擇離開，他便可以用現在的身體繼續學習下去。甚至於，如果真的在此生完成了當初設定的學習，他也可以選擇馬上開始下一個階段的設定，不必離開這次的身體，那麼這個人的一生，其豐富程度就等於原先的兩輩子了（註2）。

所以在一個家庭裡，如果有一個比較清明的人，事實上就是在幫助所有的家庭成員增壽，因為你直接間接地幫助了他們減少「卡關」的時間，因而能夠讓他們活得更久（是品質更好的更久，不是歹戲拖棚的）。

比如說，當你是一個比較有智慧的人，遇到父母親的想不開，你知道如何巧妙引導，他們就會減少情緒毒素的累積，提升幸福感，也讓所有子女都更寬心；而你花錢的方式、生活的方式、看待事情的觀點與心境，如果都是有智慧的，這些就是對你的家人父母，無時無刻地在為他們延年益壽了，因為你滋養的是他們的靈魂，是從他們的生之根源去給他們最珍貴的灌溉。

當然，遺憾的是，有些家庭成員，他們實在活得太迷糊、太無明，功課還很沉重，反而會一直打壓和排斥清明的聲音，認為自己做的才是對的，那麼那個想保持清明的人也會很辛苦、甚至很受傷；這時這個比較清明的家族成員，若沒有更大的能力去面對，漸漸也會被拖下水去，變成累積了很多情緒以後，也卡關了。所以自己覺得有所清楚的人，如果還有無力感，就說明你不是完全清楚，還需要學習更多的了解；這也是你靈魂的關卡，如果任其發展，便會不進則退。

所以說回來，「守歲」雖然是子女對父母親一份心意的表達，但是真正幫助父母親「有品質的增壽」的方法只有一個，就是靠你的智慧，引導他們「更懂得怎樣讓自己幸福」，這才是符合靈魂法則的道路。

（註1）想要了解得更清楚，請參閱《回家》一書P.32～P.54。

（註2）想要了解得更清楚，請參閱《都可以，就是大覺醒》一書P.76〈智慧愈高的人，時間愈多〉一節。

☆怎麼找真正的「師父」

好的「師父」是：他要讓你「成為你自己真正的師父」。而「佛」並不是讓你崇拜的偶像，實際上指的是「在你內心那個幫助你脫離地球輪迴的路徑」。也就是說，「佛」這個字出現在地球上真正的用意，是在表徵一個路徑，重點不是在表徵某個人、某個師父的。

帶領你接觸到自己的「高我」，人生進入良性循環

一個宗教是否為「正教」，與那個師父是不是擁有名車，其實是沒有關係的；要從接觸他這個宗教的信眾去看，他們是不是能夠愈來愈明亮、愈來愈健康、愈來愈認識他「自己心裡面的那個師父（內在的指引）」？也就是說，好的師父，是能夠帶領你去接觸到你自己的「高我」的，然後你的高我就會帶領你透過「感謝＋反省」，讓你的人生進入一個良性循環。

什麼良性循環呢？就是你會愈來越懂得因著善，去柔軟你的身段，想方設法地創造你與這個世界的雙贏；而因為這樣，你會一階又一階地做完你靈魂的功課，愈來愈開悟。能開啟你這樣的良性循環的老師，才會是適合你的明師。

那「高我」是什麼呢？就是古人說的「舉頭三尺有神明」的那個「神明」，但是「舉頭三尺」只是一個形容詞，實際上那是說，人人都有一個「清晰明瞭的『靈』的部分」，它是高於肉體的。但是大部分的人都在人世間的因果裡面渾渾噩噩，他就說他不知道、也看不到，因而無法採信是否有這個「神明」；甚至於現在大部分的人都以為這不現實、不重要、是迷信。

但實際上，當你與你的高我沒有連結，你的情緒就會因為對很多事情的不清楚、不明瞭，而跟著外在環境的氣場擺盪（例如跟著社會集體事件的氛圍惶惶不安等等），你也會常常感覺自己是被生活追著跑的。可是當你能夠跟你自己的那個「神明」，也就是你的高我連結起來的時候，你的「智慧光明」——也就是所謂的「佛光」——就開始亮起來了！

這樣的人有一個徵兆，就是他的眼睛會變得更有神、更明亮，而這個「智慧光明」就是你經常看到在佛畫裡面，那些佛、菩薩或羅漢，他們頭後面都會畫著一輪或大或小的圓形光圈所要象徵的。當你自己的這個光圈亮起來，你就開始不會被外界的事情追著跑，反而會看得懂、能了解、有能力駕馭（八風吹不動），那麼你的心裡面自然而然會有慈愛。對於別人，能有時間和空間去等待；對於事情，不再陷入恐懼和無力感。就像燈亮了一樣，你就不會活在灰暗的「自憐」與「滄桑」裡面了。

找到自己更高階的視野，產生自我成長的喜悅

那麼，要如何跟你自己內在的「神明」——也就是你的高我連結起來呢？師父的重要性就在這裡了。不是他擁有神通，能為你做醫病、預言、保護你考試通過、婚姻順利等等的「助行」，而是他能夠有智慧以各種善巧方便來引導你，讓你的心結真的打開，漸漸能發自內心去實踐「感謝＋反省＝奉獻」的「正行」；因為他知道，這是唯一能讓你跟你的高我產生連結，點亮你自己的「佛光」的途徑。

不要以為「感謝＋反省＝奉獻」是很容易實踐的，如果是這樣，各位大概看過幾本靈性書、聽過幾場演講以後，應該已經可以讓自己過得既有智慧又很豐盛了。

其實有好的師父帶領你成長，是非常重要的，但現代人很怕「跟隨師父」這種事。這一方面沒有錯，因為假的師父很多；但另一方面也是因為自己的自大，處處想跟人家「平起平坐」，不習慣謙遜與奉獻的緣故，不是嗎？但是你真正該做的事是：用今天告訴你的原則去尋找「真正的師父」，並且在學習的過程中，去明察自己轉動現實人生的能力，與內在的慈悲（等待別人成長的空間與耐心）是否與日俱進？如果確實如此，那麼你就應該更加全心全意，去跟隨這樣的一位師父繼續學習了。

如果是覺得，「信了師父以後，我的工作就奇蹟般地好轉了！」這是錯誤的評估方式，這是你的貪念。「真正的師父」會帶給你的體驗應該是：「跟著師父學習以後，我學到了怎麼樣運用智慧，讓我有能力對於別人的需求，提供比以前更好解決方案，所以我現在的工作表現更好了，真棒！」

這個「真棒」，就是你是透過跟隨師父，找到你自己更高階的視野，讓你有能力「靠自己」將絆腳石變成墊腳石，所產生的自我成長的喜悅！這才是「法喜」真正的意思。這份喜悅，是因為你又更多一點地經驗到「我以佛的道路來成就自己的未來」，所由衷感動的那份「真誠」和「成熟」！

透過學習智慧去開啟「你自己的光明」

所以，無論用什麼文化語彙，或是善巧方便，真正的師父都是在帶領你更細緻地去實踐「感謝＋反省＝奉獻」的。因為唯有透過「感謝＋反省＝奉獻」所學習到的「智慧」去看，你才會愈來愈看到「你自己原來是佛」。如果你是循著任何神通與奇蹟的「證明」去找「師父」，那你就只能看到外相上的「佛」了；可是這個你所趨之若鶩的「佛」，卻正如《金剛經》說，是虛妄的、是邪見的，這樣的「佛」事實上正在一點一滴地在吞噬你的清明，讓你變得更依賴、更愚蠢，讓你逐漸墮入輪迴的更低層次，而不能真正的「見如來」。

所以簡單來說，真正的師父是透過引導你，讓你透過你自己的智慧去開啟「你自己的光明」，讓你自己恢復那個「你內在本有的佛」。

而這個在你內在的成佛路徑，終歸一句話就是「學習智慧」，學習智慧不是迷信的，反而是要很客觀、很中立，才學得起來。一旦一個人真正有了智慧，你會發現他身上會有一種莊嚴，因為他會看到自己的佛性、自己的光明，而他正朝著這個光明走，所以會有一種發自內心的喜悅，以及令別人想要效法的影響力。

所以這裡也可以回答一個很多人會有的疑問：很多人加入了某些宗教團體以後，總會忽然變成一直想拉人去信教的人。如果從善意去解釋，他是想要把自己覺得好的事情讓更多人接觸，這樣應該也不算錯吧？可是這種行為，似乎也被很多人詬病，那到底該怎麼看呢？

回答是：真正走在「佛」的路徑的人，一定會設身處地替別人著想（這才是有善念），怎麼會白目地一直想拉人，讓別人感覺到困擾或討厭，還依然故我，像在拉業績呢？

最後，如果你真的想要脫離輪迴，就不應該把重點放在追尋「奇蹟」或「特異功能」上，因為這些都是生命中的煙火，無法帶你真正結束你的煩惱與業力，卻更像一只只「魔戒」，將你套牢在欲望和貪求中被更大的黑暗控制。

脫離輪迴需要的是「準備好」，只要準備好，到了那個臨界點以後的事，你就不用管了，我們現在也不用去講。而這個準備好，就是指「讓你內在的光明愈來愈大」。準備的方法，就是透過「感謝＋反省＝奉獻」的細緻實踐，因為這會讓你更清楚地了解，自己的很多模式與人生際遇，原來是怎麼跟投生到地球的功課去產生對應的，那你就會很清楚地認出自己該做的功課是什麼，你會感覺到宇宙間真的「有神」！那你就會一掃拖拖拉拉的逃避、怠惰或渾渾噩噩的習氣，振作起來在感謝中去面對。於是，所謂的「一世解脫」，就真的有可能了。

有句話說，「學生準備好，師父就來了」，這是很正確的。準備好為自己的人生負責的決心，你就會在這樣的負責任中，能夠辨識出「真正的師父」；否則的話，大家也不需要去責備那些假的師父，為什麼呢？因為他們也等於是用了「地獄模式」，來幫助其跟隨者，醞釀他們真正的覺醒之日——只不過這個過程會經過一些人財兩失的「油鍋」和「刀山」而已。

3

當下即未來

☆知己知彼，百鬼不侵

——農曆七月你一定要安裝的心靈防毒軟體

很多人喜歡在農曆七月談論鬼故事，但是這些故事聽多了以後，會有一個很大的誤導，就是：你會以為「鬼」是一種存在於「死後世界」的「靈」。

其實「鬼」是一種能量模式（心態），誰這麼活，誰就是鬼，所以靈界或人間都有「鬼」；而許多人間的「鬼」，比靈界的「鬼」可厲害多了。所以如果你要趨吉避凶，就要重新認識這些「心鬼」，而不是迷惑於表象，只認識靈異故事裡的鬼。

恐懼與空虛？容易被拉進能量不流動的舒適圈

無論陰間陽界，「鬼」最主要的特徵就是：會一直很想把你拉進去他的世界，讓你出不來。

為什麼東方民間故事中的鬼，總是住在井裡面，然後會趁夜出來把受害者拖到井裡面去呢？為什麼西方的吸血鬼咬人之後，那個人也會變成吸血鬼，成了吸血鬼族群的一份子？

這些「隱喻」其實都描述了鬼的一個特性：他們永遠想抓更多人進去他們的世界。

為什麼鬼要這麼做呢？因為他有很大的恐懼與空虛，就開始想去投入一個，可以幫助他逃避這種可怕感覺的「架構」（例如信仰組織）。如果把更多人拉進來認同這個架構，這個架構就會給他愈來愈強大的真實感，那麼他就會覺得自己不是虛的、也有了位置（地位）；反之，如果有人說要退出，那就會牽動他的敏感神經。

就像有一些宗教的信徒會非常積極、熱切地，想拉你去教會、法會，就是因為他們的內心是走到「鬼」的能量模式去的，他們的熱心非但與愛無關，還剛好相反。很多人會有疑惑，他們信教真的有得到那麼大的好處嗎？不然怎麼會這麼積極呢？高靈說，有的，他們信教得到的好處就是：他們內心很深處的、很大的恐懼，暫時得到了平息（找到了舒適圈）。如果他拉的人愈多，他會覺得自己這樣愈「對」（愈蒙恩寵、愈有功德），因此他就愈能沉浸在「我天堂的積分在增加」的喜悅。

由於他們的熱切積極不是真的為了你，而是為了他們自己的「天堂積分」，因此一般人如果比較健康，在和他們互動的時候，就會潛意識地知覺到一種「訊息上的矛盾性」。例如他們口口聲聲都在說愛，可是他們對你的聆聽與了解能力，卻非常沒有空間；或是他們可能面帶微笑，但只要說起跟他們不一樣的信仰，他們的肌肉線條就開始緊繃……等。

這些很積極在拉人信教的人，都有一個潛藏的「精神狀態」，就是：為了撫平自身恐懼而反射出來的「教條化」（僵固）現象，這種能量其實是不流動的，比一般人還緊繃，所以大多數人就會有一種潛意識的抗拒，便不會被拉進去；可是有一些剛好能量更低，內心也有著同樣恐懼與空洞的人，他們反而會迷上這種假的熱情與確定感，就很容易被拉進去了。

所以如果這些人來拉你去接觸他們的宗教，你有心動了，或覺得好像你需要，那就表示你也有一個很大的恐懼是沒有處理（看清楚）的，那麼你就要很小心，因為你就是那種容易「被鬼拉進去」的高危險群。

其實在人生中真的有愛、已經在奉獻的人，身上自然會有一種光明，他的行事為人會讓你喜歡、敬佩、景仰，你是因為這樣而想去接近、跟隨他，那是自然而然的一種舒服；而那些會處心積慮「積極」拉人信教的人，則是透過愈多人一起來跟他們信同樣的教、做同樣的事，來加強他們自己的信念，感覺自己的人生是選對邊的人生勝利組，其實他們行動的原點是極深的恐懼，他們是被更大的鬼所操控的小鬼。

以宗教為例去談「鬼」，就是因為這個領域是「鬼」的大本營，這種能量模式為數最龐大。所以我們要繼續就宗教與靈修的領域，來讓大家懂得怎麼辨識「鬼」的運作模式。

人生在「鬼打牆」？回到「誠」，重新調整你的選擇

我們已經說過鬼最主要的特徵，就是一直想把人拉進他的世界。那麼，在宗教或靈修的領域裡面，「鬼拉人」的方式也有兩個特徵的，第一個特徵是：

他們很會講、也永遠在講一些高來高去或玄之又玄的東西，例如一些所謂的「大佛法」、「宇宙形成的大道理」、「神祕的因果業力」……等，卻沒有能力告訴你，就你現在所遇到的人生困境，你該怎麼清楚地去整理、該怎麼去調整改變、該怎麼去找到財源……等。也就是說，他們沒有能力告訴你，直接就著現實世界怎麼去做，就可以改變人生，總是把你的狀況解釋到你無力處理的玄妙世界，要你一直做法會、燒蓮花、用「神聖儀式」清理你的業力……等。

這一點是很重要的分辨之點，你只要拿生活中實際的問題去問他們，就會發現，他們就只會講那些你早就會背的大道理（例如夫妻要互相包容、要相敬如賓……），他們根本看不到你這個當事人的難處（PPT上的鄉民分享，都比他們講得要入心入理得多）。也就是因為這樣，當他們自己遇到問題時（例如失言風波、團體有糾紛），危機處理的能力也是非常之低落（自己都救不了）；甚至於一旦他去到道場之外，在其他社會上的社交場合，你會發現，他待人處事的EQ，搞不好比一般有在外面跑的上班族還不如。可是只要回到

他的舞台上，就很會講那些高來高去、玄之又玄的東西。

由於很多會跑去接觸這些「奇人異士」的人，就是因為覺得自己的人生一直在「鬼打牆」，用人的方式努力都沒有辦法，才來「找神」的，所以其實他們也準備好想去聽那些「玄之又玄」的解答，於是就被這些「談玄說妙」拉了進去。

高靈說：當你覺得自己的人生在「鬼打牆」，怎麼繞都繞不出去的時候，你一定要相信，只要你有「誠」，你就一定可以從人間的現實面裡，找到出口。所以你要問自己你有沒有「誠」！

例如你真的必須很誠實地去檢討：有沒有一些東西明明你心裡有感覺該要去做，卻沒有去做的？你說你一直在努力，那你在努力的過程中，你那些選擇的動機以及執行的過程，有沒有真的遵循著「感謝＋反省＝奉獻」的模式？如果沒有，怎麼能說自己有「誠」呢？如果你有感謝，有些事你就不會那麼做或那麼說的；如果你有反省，有些事也許該多花點錢，你也就不會省的……如果你做人做事裡面真的有誠——也就是有感謝、反省和奉獻，你一定會通過你的功課，讓人生跳上新的一階，而不會在同一個狀況裡不斷重複的，但這些細節有沒有做到，只有你自己知道。

真正的「神」，是安排給你機緣，幫助你去回到誠，讓你重新去調整你的選擇——也就是「神會給你考卷」；而真正的人間導師，則是幫助你去整理你的「考卷」，讓你在哪裡跌倒、就從哪裡爬起，真正通過你的功課。這些事情，都是鬼沒有能力做、也不想去面對的，因為他自己就是不誠，才會變成那個「老鼠會」的上線或下線，他還要靠你的加入（抓交替），才能讓他吸取你的能量存活的呢！

附帶一提，什麼人的人生很容易「鬼打牆」呢？答案是「好高騖遠」的人。為什麼呢？「好高騖遠」就是你只希望自己可以「如意」，但是你其實都沒有讓別人「如意」。可是如果你根本不知道怎樣讓別人「如意」，又怎麼可能達到你要的「如意」呢？這就是「眼高手低」了。

好高騖遠的人，常常就很天真的要去卡位，可是自己的能力其實撐不住，又自尊心強、不願意低頭，旁邊的人就會很討厭，很想把他拉下來，所以他就會覺得，怎麼自己坐到一個位置上去了以後，總是很多麻煩會發生？其實他都不知道，在別人心目中，他才是一個大麻煩。有很多時候別人就會在背後運作，讓他被拉下馬或被架空，可是他自己就覺得莫名其妙，怎麼老是遭小人。其實是自己的盲點自己看不到，才會這樣鬼打牆的。

精神耗弱、人生迷惑？用「光」去照亮黑暗，清楚就不恐懼

回到主題，「鬼拉人」的第二個特徵：

就是會拉你去同理人生中的「悲」，卻無法教你如何開展出「慈」（從「悲」開展出

「慈」的能力就是「智慧」）。他可以絲絲入扣地描述活在家庭、社會、人類現狀中的「悲」，讓你去認同那個「悲」之深刻，卻找不到智慧讓你可以脫離這個悲情、開展你的人生。而用「悲」來吸收你的這種手段，是比較高段的「鬼拉人」。

例如某些強調「末日來了」，或是告訴你「有星際家人快要來了」、「有大翻轉要發生了」的團體，就是因為他們知道你在現實處境中的「悲」，所以就透過給你某個虛幻的未來，來同理你的「悲」，吸引你的寄託。他們也講愛，可是都是在勾勒一種「無條件的愛」，所以他們根本不知道如何教你讓愛在「有條件」中運作（這就是智慧，也是去正視實際生活中的事實）。可是這麼一來，你真的開心不起來，你跟現實世界的分裂感會更大，你會活得更糟。

事實上如果你懂得如何讓愛在「條件」中運作，你一定會過得豐盛、滿足而開始自然有慈悲；也會看得出此時此地的地球，就已經是一個很完美的教室，足夠讓你（包括其他人類）在裡面開悟，做完你們靈魂的功課，誰都不需要去渴望任何的烏托邦的。

以上已經談完了「鬼拉人」的兩種特徵。現在我們再回顧一下之前說的：「『鬼』最主要的特徵就是：會一直很想把你拉進去他的世界，讓你出不來。」所以接下來要「解碼」的就是，在把你拉進來以後，鬼又要怎樣讓你出不去呢？鬼讓你「出不去」的方法，就叫做「鬼吹燈」。

「鬼吹燈」就是，當鬼把你拉進去（一個團體或宗教）以後，他也怕你看到真相，所以他就會把「燈」吹熄，讓你在黑暗裡面看不見他的真面目，於是他就在那裡只是出個聲音，告訴你該這樣做或那樣做。簡單說：鬼不會讓你看到真相，只想給你方向！這個就是「鬼吹燈」的隱喻所代表的意涵。

實務上就是：鬼很容易在你精神耗弱、情緒低潮的時候把手伸進來，接著就是加強你的恐懼，好給你植入他們那些玄之又玄的文本——這個就是把燈吹熄，讓你落入什麼也看不清楚的黑暗。接下來就是按著他們的「玄之又玄」，由他們來告訴你該怎麼做——這個就是控制你了。

例如你會發現，很多人進入宗教或靈修團體，根本還沒看到他變得自在快樂，就已經學會了一堆自己都不清楚的理論和忌諱；他被植入了更多「必須要如何如何，否則就會如何如何……」的更多恐懼。

而這個植入的方式是很巧妙的，原理就像有的人因為憂鬱症去就醫，醫生給他做量表，那個量表裡面寫了很多症狀來詢問你，例如：「你會不會進到漆黑的電影院就會不舒服，很想逃離？」本來你是沒有的，當場也勾選「不會」，可是很有趣的就是，做完了量表，回到生活中去以後，有一天進了電影院，卻不由自主想到：「我會不會不舒服？」然後就開始愈來愈不舒服了，結果本來沒有的忌諱，從此以後就有了（不敢進電影院）。

很多宗教或靈修團體，就像這樣，會利用你內在的恐懼巧妙地恐嚇你，把你控制得更深。他們會用他們那一套「神的道理」來告訴你，你該恐懼的事比你想得還要多。可是事實上，你內在所恐懼的任何事，如果你能用「光」去照亮那個黑暗——也就是能夠去「看清楚」根本就不是那麼一回事時，你就不會害怕了，憂鬱症就能轉好，你就會解套了。

所以「鬼吹燈」，就是讓你人生的迷惑被籠罩進更大的黑暗空間，讓你連看清楚的能力都失去了，那麼鬼就能在裡面對你完全制霸了。

「鬼」是因為你的不清楚，衍生出恐懼，而累積出來的東西

最後我們要跳到比較高的視野去談「鬼」。

「鬼」既然是一種「心態」，那它其實也是相對的。例如你會覺得有些毒蟲或作奸犯科的人，他們的生活形態很像鬼；但就天堂的眾生來看你，也會覺你也活得很像「鬼」。也就是說，從高層次的「覺」來看較低層次的「覺」，就會看到你的那些「想不開」，把自己活得很辛苦、很哀怨、很扭曲的模式，相對來說，這也是某種層次的「鬼」。

所以也可以說，其實世界上並沒有鬼，「鬼」是在意識覺醒的相對位置上，以「不清楚」的程度相對出來的一種虛幻的影子；「鬼」是因為你的不清楚，衍生出恐懼而累積出來的

東西。比如若你的前世是溺死的，今生你可能就會很怕游泳；如果你過去世曾經從高處墜落，那今生你可能會懼高。這些因果是有的，如果你知道其實只是這樣的原因，那你就是勉強自己多多去游泳，不要逃避，久而久之，這前世的經驗所造成的恐懼，就會淡化了。但如果你不去了解，以為它無法克服，那個怕水的恐懼，看起來就會像是莫名其妙的「鬼」，好像一直在糾纏著你，甚至還會擴大加劇。

講這個比喻不是要你去做前世今生催眠，而是說，就像你現在人生遇到的任何瓶頸，無論怎樣鬼打牆，那都不是真的有「鬼」，而是有你的「不清楚」！那塊不清楚如果你能去清楚了，你認為的「莫名其妙」也會消失，你就不需要活在「玄之又玄」的恐懼裡面，其實你恐懼的鬼，只不過就是你的不清楚，所投射出來的幻影。

所以很多人會思念過世的親人，不知道他們現在究竟過得好不好？高靈說，其實這也是同樣的道理。你如果過得好，他們就會過得好；你如果過得不好，他們也就會過得不好。為什麼呢？因為過得不好的人，你去 match 的版本，一定是不好的。所以你過世的親人就是你狀態的影子，這個平行宇宙之間的連結，就是透過你的狀態延伸出來的。

有智慧，才是真吉祥

因此奉勸現在過得不好的人，不要自己去做通靈的嘗試，因為你的「通靈」很容易「卡到陰」，就像是你面色憔悴地在半夜拿出鏡子來照一樣，看到的影子會反過來嚇到自己；然後當你嚇到自己的時候，「鬼」（無論是一個人間的神棍或是靈界的「低靈」）就會趁這個時候來抓你了，也會很容易成功地抓住你。

此外也奉勸你去找各種「老師」的時候，要去感覺他給你的感覺「正不正」，因為鬼要出來抓人的時候，他也知道要幻化成你喜歡的樣子、說你想聽的話，所以要盡可能客觀地去感覺對方的「磁場」、「眼神」、對方的「狀態」等等，是不是有不正的地方。或是如果你感覺到那個人的面相、精氣神也不是很健康，他看起來也好像很消耗，不笑的時候有一種滄桑感、緊繃感，或常常說他在夢中跑去支援救災很累、時不時說自己需要閉關清理……那你就要多注意了。

因為有很多老師，他們自己因為智慧不夠，心術也不正，所以其實經常是卡到陰的（包括介入很多不該介入的因果），那麼去他那個地方也會讓你很容易卡到陰。因為這些老師其實是沒有辦法真的處理事情的，可是他又為了賺錢，一直硬著頭皮在做，所以，當一堆狀況也不好的人聚集在他那裡，想要讓他處理事情的時候，本來那個地方的氣場還沒有那麼混濁的，結果大家一聚集，又把它弄得更濁，吸引了更多阿飄靠過來，那邊的氣場就真的會很邪。最後因為他也不是真的能夠處理，所以更多的阿飄就跟著這些人回家，適得其反；好像一群人本來是想去一個地方淨化，結果是卡著更多東西回去了。

最後，附帶提供你一個「人間小鬼」的辨識法。如果你身邊有個人經常會說：「我怎麼知道會這樣啦～」那他也是「小鬼」一隻，因為他常常在做一些很「三寶」（豬隊友）的事情，但是出了紕漏害了別人的時候，他就不願意負責，就會丟給別人。這就是鄉土劇裡面最常出現的「小鬼」。所以如果你沒有辦法改變這個人，那你最好是「保持距離，以策安全」。

有智慧，才是真吉祥。祝大家一切平安、事事如意！

☆當人生遇到困境，何謂心誠則靈？

人終其一生，很可能都不會遭遇那種會危及生命的大地震，然而卻沒有一個人，在生命中不會碰到幾次大難關的。因此，對於相信冥冥中存在著更高力量的人而言，當你真的想向那更高的力量祈求時（無論是何種信仰），或許這個問題便是相當重要的：究竟何謂「心誠則靈」？

在想要之前，已經做好要去付出的準備

有的人被醫院宣告得到重症，會一邊很積極的尋求醫療，一邊迫切地尋找上帝、神明、菩薩的指引，甚至也會願意去捐錢、做好事，用作功德的方式來換取療癒的機會。這算不算有「誠」呢？究竟能不能「心誠則靈」？

在解答這個問題之前，必須先了解何謂「誠」？「誠」不是「迫切的想要」，而是「在想要之前，已經做好要去付出的準備」。「誠」是一個人在祈求之前，已經在心裡真的準備好，「我願意為這個祈求而付出了」。這樣的祈求才是有誠，才會獲得天助。

所以「急迫地祈求」，或是「捐很多錢去做功德」，不一定就是有「誠」，很多人表現得很急迫，實際上他的內心已經設下限制，例如：

有一些執著的東西，是緊握手中絕對不願捨棄的。

有一些真相，是無論如何不願去碰觸的。

有一些面具，是無論如何不願拿下來的。

更甚者，不想去改變現狀，只希望拿掉問題。

而他的作法，則是把神當成人一樣，可以爭取其同情、投其所好的去求，其實這是誤解，也不會有效。當一個人真的有誠時，他會向神說：「只要我的病能治癒，我什麼都可以捨！什麼都願意改！什麼都願意做！」當他是真的從內心對自己下這個決定、對自己承諾，而不是對一個外在的對象表演時，那麼這就是「誠」，就會靈驗。

因為當一個人願意放棄所有的底限去挽回一件事的時候，代表他真的願意去做他的功課了，那麼他就會開啟自己和神之間的管道，開始得到引導，逆轉情勢。

只是，當一個人已經錯過好幾次可以挽回的機會，而越過一個臨界點時，就沒有辦法再以這個身體去做他的功課了，這時候即使有誠，也沒有辦法再繼續這一世了。例如有的得到重症的人，其實知道自己的問題點，可是就是一直到死，也不肯轉過身去面對，到最後一刻他願意真誠面對了，但他的身體已經受不了，走到了崩潰期，那麼就這一世而言，也沒有用了。不過這份誠心還是有價值的，因為會讓他的下一世，有一個相對較好的開始。

在這個臨界點之前，一個人會被給予非常多次機會，那就是民間信仰中常說的「考卷」，也就是會有非常多次，在某些情境來時，他其實會意識到一種內心的扣問，彷彿在問他：「你願不願意回頭是岸？」那些時刻，人其實是能察覺到，自己正在面對一種價值的選擇的。

這個宇宙有個奇特的事情，就是其實每個人都會知道：冥冥中是有考題的。也就是人生走著走著，某些時刻，自己會知道此時此刻是個「關鍵」，他知道其實只要選擇什麼、或放下什麼，就可以改變人生。可問題是，他的頭腦就是會「賊掉」，於是在這個關鍵，沒有做出那個歸於正道的決定，他的身體就真的會開始病變，或是夫妻開始決裂，或是事業開始走下坡等等。有的人會說：「可是我好不容易走到這裡了、好不容易擁有這些了……不然，好，你讓我好（療癒）看看，如果有好，我會有誠意的、我會付出的。」其實，要看到結果才願意付出，這就沒有誠，實際上他的心是沒有打開的；這也就是為何會衍生出「不見棺材不掉淚」這句話了，「見棺材」也就是終於到了生命最後一刻，無法再做選擇了，功課已經確定死當了。

有的人到了那一刻，才會哭哭啼啼說：「沒有哇！我現在真的很有誠意（？），讓我好起來，我什麼都可以不要了！」可是他心裡知道他還是在狡猾、在騙神的，只要自己想像一下：要是真的好了，真的就願意去付出、去放下嗎？他的心裡還是又會猶豫了一下。

是不是這樣？每個人自己在深沉的心裡都知道的。

所以當人生遇到困境，何謂心誠則靈？用一句話總結，就是：一個人真的準備好要去付出，決心為了突破困境，沒有設限。

相信宇宙間有個真理與「清明」

然而一個平常頭腦很強，經常在合理化自己行為的人，一旦遇到大困境，很容易就被情緒淹沒，那時要回到誠，真的是非常困難的，所以平常待人接物、做人做事就要練習有誠。比如說，你心裡明白的方向，知道這對自己的身心、品格有益，你就要去做，這個就是「誠」；如果你不去做，你的頭腦只好出來合理化，合理化久了你就皮了，愈皮就愈會自欺，那麼也愈來愈難回到「誠」了。

除了罹患重症這麼嚴重的事，一般的求財、求考試過關等等，如何才能心誠則靈呢？其實道理也是一樣的，只要你的所求不是要去害人，在向更高的力量祈求之前，請先好好審視一下，自己是否已經準備好要全力以赴的去付出？比如說盡全力的去準備考試、努力的學習把工作做到位等等，這種決心和實際努力如果是玩真的，就會具備有「誠」，那你再去祈求，就能開啟自己與神的連結，而得到幫助。

現在我們更深入地來揭開「誠」的本質。所謂的「誠」，其實就是「信神」，但所謂的「信神」，跟宗教信仰無關，是指當你對著這麼浩瀚的宇宙萬物，直覺到在冥冥中應有更高的力量時，你是否真的有著崇敬？誠，是相信宇宙間有個真理、有種清明存在的，你相信這個「清明」，就是信神。那麼你就會知道，做人做事是有一定的規矩，是不可以去逾越的；你知道如果做事有理念、是清明的話，冥冥中是會得到幫助的。這才是真正的信神，也才會「心誠則靈」。

再提升一個層次說，人其實是一個靈，而這個靈就是一尊佛，你相信你有佛性嗎？大部分人都不會相信的。如果你相信你的靈，你就會體驗到你的靈是可以「直通天上」的——也就是能夠連結宇宙中「合一」的力量。可是大部分的人是不相信這個的，才會活在渺小感中，跟別人你爭我奪。

與自己的「靈性」取得連結，體悟到自己「靈性」的存在，是無比重要的，因為這就是人在地球上做功課，最終的目的。為什麼現在大家都會說「身心靈」這個詞？因為這也代表一個更靈性的時代來臨了。

開啟跟自己靈性的連結

所以接下來要了解「身心靈」裡面的「靈」，指的究竟是什麼？

很嚴重的病症，通常是身心靈三方面都出了問題，可是去醫院，只能就身體的部分去看、去處理；如果去做心理諮商，雖能夠處理到心的部分，可是就「靈」的層面，還是沒有處理到。那什麼是「靈的層面」呢？

「靈」就是那個能讓你感悟到「神」的層面。開啟了這個層面，人才能開始去「與神合一」，人才能從部分的療癒，走向完整的開悟。

如果只是處理身、心的層面，你就會發現，自己永遠在處理問題，處理不完，這就跟人類的歷史一模一樣——一直在處理層出不窮的問題。只有去跟自己的「靈」連結，回復靈性的清明，這個清明才會讓你在人生中——無論你做哪一行——開始看到超越宗教、超越名相，那真正的「神」，那你就是真正被「神」帶領的人，你會一直開悟上去，直到自己也與神合一。

靈性老師的能力，就是去開啟一個人的「誠」，開啟一個人跟自己靈性的連結。好的老師除了自己開悟，還有能力對治人類種種自我的偏差習性，所以才讓跟他學習的人縮短開啟的歷程，事半功倍。但你的「誠」是你本來具有的靈性，你也可以自己去開啟的。只是，如果你發覺自己雖然可以看見內在的陰暗和狡猾，卻一直揮之不去；或是看見自己很放不下、很不甘心、很容易玻璃心，卻拿自己沒辦法；看到自己很容易受別人影響、內心容易茫然、自己卻無法整理回到清明。那麼當你遇到好的老師的時候，你就應該把握，好好跟隨他學習。

高層次的智慧啟發「覺察」，減少「耽溺」，讓你回到內心的清明

最後對於心靈圈的一些人的現象，提出一些忠告，這也是從「誠」這個意義延伸出來的。

很多人都說自己也能從高我、菩薩那裡收到訊息，或是自己也有直覺等等，那麼你就要看看，這幾年下來，你有沒有真的過得更好？如果對自己誠實，你是會知道的。有的人說自己也有通靈，每次看到觀音或某些人就想哭，好像他的生活充滿不凡際遇與特殊感應，可是明明自己日子愈過愈滄桑、愈過愈飄忽，卻自認為高人一等，甚至說自己也要去幫助人，當起了心靈老師，這個就是不誠。你的心裡明明已經知道自己的狀況，你的頭腦卻一直還想著要擁有位置（名位），這樣會把自己架空到比一般人更痛苦的位置去，連求救都不敢了。

如果事實上自己愈過愈差，那你就要知道，你說的這些直覺、這些通靈，一定有很大的問題，你要把「老師」的面具拿掉、把貢高拿掉，重新誠誠懇懇地，好好當個學生，好好的去學習，直到有一天你真的成熟了、真的療癒了自己，你才去當老師。而且，「老師」不是你去「當」的，是你真的對別人的生命有所開啟，別人自然會在心裡把你放在老師的位置；當別人發自內心願意以你為師，你才是真正的老師。

同理也包括了，有一些人天天在翻牌卡，說牌卡給他的提醒總是很及時、很靈驗，那你

也要誠實的去看，幾年下來，結果自己有沒有真的愈過愈好、愈過愈健康、愈來愈有能力自己處理事情？還是你仍然經常很焦慮，所以常常在翻牌？同樣的，有一些人到處尋訪奇人異士、聽到有什麼新法門就立刻前去追逐，這樣跑來跑去地蒐集這麼多知見，那麼拿掉這些，你的人生剩下什麼？你自己又真的建樹了什麼事，讓你覺得人生有腳踏實地的喜悅呢？

如果這些回答不出來的話，繼續翻這些牌卡、跑這些靈山，會讓你的靈魂層次愈來愈低，內心愈來愈迷糊，因為那就像吸毒一樣，只是一種逃避、依賴與退化。

那麼要怎樣去翻牌卡才是對的？就是：你明白真正會對你人生有益的是行動，自己知道該付出、該執行的，就會去付出、去執行。先準備好這種程度的「誠」，那麼牌卡才會對你有所幫助。

而「通靈」則是：你能夠意識得到你內在的靈性——那清明所給你的方向。不是有一個聲音在告訴你小道消息，然後你用這個再去做什麼決策，不是這樣的。你說後者這種，難道沒有通到「靈」嗎？也有，但是你可能要考慮一下，那個靈可能比你還低喔，說不定只是低階的鬼魂、動物靈……等，你的人生要交給他去掌控嗎？

當然，會給人訊息的「神」確實是存在的，但是如果真的來自於高層次的智慧，你會感受到，那些訊息都在啟發你的「覺察」，減少你的「耽溺」，讓你回到你內心的清明，去以實際行動，面對你不該逃避的人生課題。

「靈」的基本特質就是「清明」，這個清明裡面才有「神」。所以基督徒要接近神嗎？那請不要向宇宙仰望，要能低頭反省，才是歸向神。基督徒要「讚美神」嗎？當你能夠在實際生活中去感謝（感謝眾人）、反省（眾人對你的貢獻）、然後奉獻（對世人），這才是真正的「讚美神」。而所謂的「回家的路」，就是你自己去找到，與你內在的神（靈性）接軌的那條道路，這才堪稱是走上神的道路（註1）。

所以有的人滿口佛話、滿口聖經，看起來很「虔誠」，但那卻是虛假的；有的人說他沒有宗教信仰，可是卻生活在「感謝＋反省＝奉獻」中，他其實是真正「有神」的人。因為「感謝＋反省＝奉獻」使他看到自己在這世界上所扮演的這顆螺絲釘的價值，同時也珍視別人的，因而願意去為這個價值真實付出，於是他將開啟與自己靈性的連結（註2），而這個連結就能夠讓他不斷得到引導，去修復自己的「身」與「心」，並快速完成他的地球功課；他的人生將不需要遇到很大的困境，就能夠不斷提升，因為他已經步上了與神合一的軌道，隨時隨地都在「心誠則靈」當中了。

（註1）請參閱《回家》一書P.16第一章〈神的特別篇〉。

（註2）欲更了解這個原因，請參閱《奉獻》一書P.100第三章第三節。

☆靈性世界解密（上）

——「高我」和「高靈」是不同的

有一些「心想事成」的人，達成了別人所羨慕的人生，在人家問他們怎麼辦到的時候卻說：「我就是順著一種感覺走的，自己也說不上來，就是順著機緣去走的……」你有沒有聽過這樣的回答呢？本來你是想從他身上學到一些成功方法的，沒想到他卻給了這種「跟著感覺走」的答案，讓你還是摸不著頭緒。可是他說這是真的，他覺得自己可能是很幸運吧！

打開神性，與「高我」連結

其實這一類的人，並不知道自己其實是有「預知」能力的，只是他的「預知」是一種「預感」，而不是有什麼清楚的「看見」，所以這種沒來由的「感覺」就被他自己解釋為一種模糊的感性，或「跟著感覺走」。如果你聽了以後，也依樣畫葫蘆地「跟著你的感覺走」，很可能你會撞牆倒地，卻看見他從你頭上飛過去。

其實還有比這樣的人更厲害的人，他們對於下一步該怎麼走，並不是一種直覺或一種感覺，而真的是可以「看得到的」，甚至還可以看到「一整條路徑」（例如五年、十年、二十年後……），這些人真的是能夠「預知」而不是只有「預感」。例如古時候很多高僧大德，他們不僅能夠預知弟子的未來，甚至也能預知時局的興衰，因而在某些時刻對親近的弟子有過一些私下的囑咐與叮嚀。

這些是「打開了神性」的人。

打開神性的人，就像長出了翅膀，他就會在他的範圍內飛起來，開始能夠「看見」以前看不見的視野。

初階的「打開神性」，他會對他周邊的一切都可以看得到；別人如果進到他的範圍內，有什麼樣的心思想法，他也都可以感覺得到，所以他會知道他自己的「下一步」應該怎麼做。更高階一點的「打開神性」，會連他所處在的時局、國家社會的未來，都能夠看到會有什麼樣的演化，那麼他就會知道自己人生更長遠的路程應該怎麼走。

不過到這個程度的「打開神性」，都還只是跟他自己的「高我」連結了，還不是跟高靈連結。不過雖然是這樣，所謂「萬丈高樓平地起」，靈性的成長本來也需要一層一層地去擴展自己。

「高我」就如同這個名稱，是你精神上更高的存在（但不在物質宇宙內），祂是有智慧、有修為的，是可以天馬行空、很有自由度的；對祂而言，你就是祂的一個「經歷」（體驗），而如果你能連結到祂，祂就會是你的指導靈、你的靈魂伴侶。高我就是扮演著可以跟你對話的「那一個智慧」，大部分的「通靈」，那些對話是在這個階段，不過這還不是跟高靈連結。

跟高我對話的效果，就是可以在你自己的範圍內飛起來，讓你看見你現在生活的一切；更擴大視野的話，還可以看到更大範圍的「周遭」——例如整個社會、國家的動向——你都可以很清楚這些。

跟「高我」的對話就有點像有了靈魂伴侶，到了這個程度的人，變成是可以在修行上自己自修、自己精進的，因為他有內在的智者在陪伴了。然而「高我」還是在一個「範圍」內的，這就是為什麼傳統宗教裡會有「幾重天」的這種說法，所謂的「天外還有天」，有些事情超越了某個界（層次）的話，就不是這個「界」可以理解的了。

怎麼樣擁有「保持你自己與別人的平衡」的智慧？

高靈的層次則比高我更高，但接下來我們以人類可以了解的部分去談，就足夠了。高靈來與你連結的話，祂主要的訊息會是讓你漸漸學會，在人世間怎麼樣「中庸」，怎麼樣擁有「保持你自己與別人的平衡」的智慧，然後引領你在你的生活裡，逐漸去契入「無來無去」的悟境。

接下來我們來闡釋這個部分：

人相對於細菌而言，就是一個「宇宙」；而人相對於我們所在的宇宙，又像是一隻細菌。也就是說，「整個存在」就像「俄羅斯娃娃」那樣一層又一層上去，也是一層又一層地下來；因此你既可以說宇宙是一層又一層地向外擴，也可以說它是一層又一層地往內縮。它就是如同 **DNA** 那樣，是一種旋轉的能量。

因為是「旋轉」的，所以當你認為「那是對的」的時候，可能它就是錯的；可是當你認為「它是錯的」的時候，它又可能是對的。為什麼？因為本來就沒有對、錯。這個「沒有對錯」，就是禪宗說的「無來無去」。可是禪宗說的「無來無去」並不是一般人以為的那樣，真的是「什麼都沒有來」也「什麼都沒有去」，而是「一直有來有去」所以才會成為「無來無去」，也就是一直都是一種「流」、一種「動」。

「無」反而是「動態的」。就如同白光，你看似是沒有顏色，可是它是很多色光去流動出來，才有這個「白色」，而雖然你說它是「白色」，如果別人站在某個立場去看，就跟你看到的不一樣了。例如你看到這棵樹是綠色的，可是有個人站在黃色玻璃窗前看，他看到的就是藍色的樹，另一個人甚至可能看成紅色的，或是你從來沒看過的顏色。所以，就是因為是動態的、是旋轉性的相對，所以沒有所謂的對錯。

又例如茫茫人海，每個人就像一顆星球，各自有各自的軌道一直在運行，當這些軌道產生無盡的交互影響時，究竟是你在運行別人呢？還是別人在運行你？究竟是你在開你人生的這架飛機呢？還是這架飛機在開你？（註）

又像你有一張一千塊的鈔票，你去買東西把它花掉，那個賺你一千塊的老闆又把它拿去付一筆貨款，然後拿到那筆貨款的供應商又拿去付小孩的學費……這一千塊因為有在流動，凡是它流動過的地方，就被養活了。這過程中每個人拿到了錢，卻也把它花出去，而沒有囤積，那他的存款雖然是「零」，可是他卻會被「整體的豐盛」供養著。

那麼這個「零」就是「無來無去」，可是這個零卻不是「死的」，而是變成「無限的豐盛」。所以為什麼人家說「錢就是水，要去流動」？不流動的錢就會變成一個「數字」，它就不是「錢」了。當錢是不流動的時候，百業就會蕭條；而一直在搜刮金錢，把錢都攬在自己身上的那些人，也會發現他的世界會愈縮愈小、限制不減反增。為什麼？因為這個世界就會愈來愈充滿有毒的、會傷害你的東西，人心也會愈來愈惡，使你必須花更多的精力去保護你自己。那麼為什麼會這樣呢？因為世界變得更沒有愛。

人有愛就會讓金錢去流動、讓物資去流動、讓別人的快樂去流動……因為在宇宙間，「愛」就是「流動」。例如說一個人在做自己的工作時，有真的盡自己的本分在做，那就是他有把他心中愛的能量，藉由工作流動出去；那麼對於需要他這份工作來提供所需的人，就能從中得到支持和滋養；於是做這份工作的人，就等於是提供了別人一個「小天堂」，讓別人因為他的存在而感受到美好。那麼，如果所有人都在自己的工作上盡本分，那這就是愛的能量在地球上能夠暢通無阻地流動，那麼整個地球就會是個大天堂。

凡是喜悅的、有愛的流動的能量，就是「靈」

懂得上述這些，你就可以想像「如來佛無處不在」的意思了。「一切存有」其實都在「流動」，都一直在供應著我們當下的這一刻，這個「一切存有」是確實存在的，不是嗎？不然你怎麼能「在這裡」？這就是「如來佛的無處不在」。

那為什麼又「無來無去」呢？因為宇宙間的任何事就好像剛剛說的那個一千塊的比喻，它從你手裡「流出去了」，可是又會從另一處流進來，所以其實沒有什麼來去。那你說這「一千塊」到底是什麼？你說它是有，可是它也是「無中生有」的，因為鈔票只是一張紙，它本身並沒有價值，但是就是因為有這個流動，它的價值就變成「有」了；而也因為你願意在這個流動中，成為那個讓流動能夠不受阻礙的「點」，你才會超越人家說的「自我」，超越「損失」與「獲得」的概念，而感受到那個「大合一的豐盛」，那麼當你感受到這個大合一，也等於是你與這個「大合一」合一了，那你就能感覺到這個「無來無去」。

所以「無來無去」不是「什麼都沒有」，而是那個「有」一直在流動。這個宇宙（一切）本來就是如此，可是如果你自己有個自私，不讓什麼東西流動，你就悟不到這個，你也勘不破生死（因為你會有那個「自我」）。

以上所講的，才是真正的「零極限」，也就是宇宙本身就是這個「零」。

當你的靈魂去了解了這個「零」，這個「零」對你就不是個「零」，它可以是「無限」，它可以是個「華嚴世界」，可是它也還是「零」。就像之前說的「宇宙的俄羅斯娃娃」一樣，你要說是一直向外擴展，或說一直向內縮小，都可以，其實是同一件事。

凡是喜悅的、有愛的流動的能量，就是那個「零」，而「喜悅有愛的流動」，就是各位在拜的那些「神」、「佛」，祂們就是這些「零」（靈）（註：高靈的雙關語）。為什麼祂們是「零」？因為祂們沒有抓住什麼（沒有自我），但是祂們存不存在？祂們存在。

當你和高靈連結時，或是說，當高靈來和你連結時，祂主要「做的事」，就是讓你去開悟到上面所說的這些，但並不是用語言，而是祂會有能力將你的一生，變成一條走向這個大開悟的路徑；也就是說，讓你成為另一個「高靈」，回歸到那個「大合一」的「如來」去（無所從來，亦無所去），也就是讓你脫離輪迴，去成為另一尊佛的意思。

所以高靈和高我的不同即在此，因為高靈不是跟你「對話」而已，事實上祂真正大部分對你的運作，不是用話語的，而是「用你的整個人生」；也就是說，你的人生會被祂推演而變成一場「成佛的奇蹟」，不再是「輪迴的浮沉」，這個就是高靈的運作，超越「高我」範圍之處。

下一篇，我們會更詳細闡釋所謂「高靈的運作」，以及如何去「打開你的神性」。

（註）可參閱《與佛對話》一書P.115，商周出版。

☆靈性世界解密（下）

——「高我」和「高靈」是不同的

在〈靈性世界解密（上）〉的最後，我們說，其實高靈影響我們人生的方式，主要不是以「話語」或「觀念的教導」，而是「用你的整個人生」，那麼這究竟是什麼意思呢？

接觸到「高靈的意識」時

當你的意識來到能夠接觸到「高靈的意識」的時候，你所逐漸看見的，將是以下兩點所描述的情景：

1、「神」是真的會創造「神蹟」的，也就是：有很多事情的發生，真的是為了改變你這一刻的決定而來；而且當你看到這個的時候，你還可以看得到，這些現象的背後是「誰」去促成的，於是你就會知道「西藏唐卡」所繪的那種佛國世界的畫面，是什麼意思了。我們在《奉獻》那本書最後的「跋」裡面，曾經描述過在這本書的關鍵訊息「感謝＋反省＝

奉獻」，被給予的那個清晨，我和M先生所意識到的殊勝景象，那就是一個例子（註）。

一般人有時也會在生活中感覺到「有神」，但只是一種奇妙的感覺，然後就被別的事情所沖淡和遺忘；有的人更進一步，在那個當下可以有很感動的感覺，但是還沒有能力再去解開那個悸動的內涵，然後這份感動也就隨著生活瑣事被覆蓋過去了。其實那個悸動的內涵是什麼呢？就是：

真的有好多的人事物——這些因緣的發生，就是為了改變我這一刻的決定，「專程為我而來」！

大部分人即使在瞥見這個的當下，感到一股神妙，甚至湧現莫名的感動（悸動想哭、或當下有股溫暖湧出），也沒有辦法一直活在這份覺知裡面。因為它其實是個通向那個「大合一」的片刻，而「大合一」就像是一個攝氏上百萬度的太陽，你的自我只要一靠近它，就會被焚化；所以肉身頭腦的自我，本能地會和那個「大合一」相斥，它會退回來保住自己的許多「還想要」。

因此所謂的「準備好脫離輪迴」，其實也就是：當一個人在還有肉體的時候，已經愈來愈不會跟這個「大合一」相斥了，他已經可以愈來愈活在「光」中，那這就是準備好了。

不過這不是今天的主題，如果想更進一步了解這個部分的人，可以閱讀我們出版的《地藏經》一書。

2、當你跟「高靈」連結得愈深，你會愈知道這句話的意義：

「神」就是「有別人」。

也就是說，「神」就是所有的「別人」，各自站在不同的角度，所形成的一個「支持你在這裡，並幫助你覺悟」的力量的總和。這就是西方文化裡那個大寫的「GOD」，也是東方文化裡說的「如來佛」（密教則名為「大日如來」）。祂無所不在，你無法離開祂，祂一直在「到處」（Everywhere）支持你、看著你、扮演你的吸引力法則。

然而神「無所不在地」幫助你的方式卻有兩種：一種是「天堂模式」，一種是「地獄模式」。當你的內心是「善的」，也就是你當下那個念是能夠看見「感謝＋反省＝奉獻」，是走向合一的，那麼祂支持你的方式就會是以「天堂模式」，去開啟你學習的機緣。

反之，當你內在的決定是違反這個宇宙的「道」的——也就是變得「更頭腦」、「更自私」的話，那麼也會有一個「違反道」的模式，會被你啟動運行。也就是說，同一個神

（GOD），祂當下就會變成印度所謂的「濕婆神」，出現在你的人生裡。「濕婆神」是毀滅之神、死亡之神的意思，也就是祂就會示現為「地獄模式」去幫助你學到功課。

在實際人生中，這也就是俗話說的「會去繳補習費」。沒有意識去反省自己的「自我」的人，你可以去觀察，他的人生就會一直在「繳補習費」，彷彿「命運之神」總在跟他作對似地。可是雖然一直在繳補習費，他還是一直在輪迴那個錯誤。為什麼呢？因為他是睡著的，所以他就會一直做這個同樣的功課，直到某一天他真的有一個真誠的意願說：「我願意放下自我去『看』了！」他才會開始有找到地獄出口的可能。

所以，為什麼佛法那麼強調覺醒？因為只有你覺醒了，才會知道為什麼「心存善念，福氣綿延」這八個字是那麼重要。

所以真正說起來，其實沒有人不是跟高靈（如來佛）連結的，因為你本來就在這個「合一」裡面。可是如果你的神性是睡著的，你就會覺得你沒有連結、孤立渺小、隨時會被無常擊垮；甚至當別人說世界上真的有神，你是不會相信的，反而會比較相信世界上有鬼。可是鬼也是從合一裡面來幫助你覺醒的，只是這個過程走的就是一條比較多痛苦和坎坷的道路；所以在究竟的層次來說，鬼也是如來佛，只是如來佛用這個方式去跟你的闇黑連結而已。

所以在《都可以，就是大覺醒》這本書裡面的一開始，我們有一段話，稱呼它為「無上密咒」：

宇宙間慈悲的力量，感謝這一刻，
全宇宙都在幫助我；
每一件事、每一個人、每一樣東西，都是另一個我，
在幫助這一刻的我覺醒！

當你真的走在愛裡面，以愛去覺知生活的時候——而不是用自認為的「愛的觀念（頭腦）」去生活——你將會開啟逐漸清晰的視野，去「看見」上述這段話的真實性，那這個才是抵達了跟高靈連結的層次，而不只是跟高我的連結的層次。

所謂的「走在愛裡面」，也就是要從「心中有別人」修起，這樣就會打開你的神性，讓你可以從你人生2D的視野裡面飛起來，變成能夠以3D去俯瞰人生（請參閱〈靈性世界解密（上）〉）。如果你能踏踏實實地去修這個「心中有別人」，高靈就會開啟「天堂模式」來與你連結，你的人生將會對你顯現為一條開悟成佛的路徑，這個顯現也就是「西藏唐卡」真正要訴說的密義。

所以「心中有別人」這個說法，請不要小看它。為什麼你去宮廟拜拜的時候，會有所謂的「順序」？例如第一個拜的是「天公」，然後才是其他的佛、神、王爺等等。「心中

有別人」就是像這樣，也有很多的層次；你怎麼透過這些層次，慢慢地把你自己往上「遞交」，這就是靈魂「回家」的路程。「遞交」就是在善念中，真誠的「把你自己交給上天」，也就是「奉獻」的意思，如果你真的願意把自己層層往上遞交，你就會開啟你的神性。

也就是說，所謂的「無來無去」，是你真的在「有來有去」中有所經歷了，層層地將自己「遞交」了，才會達到那個「沒有來去」的境地；或是你不用自己去經歷一切，可是也要透過智慧去了解那個「來去」，你才能夠真的「無來無去」。

所以附帶地說，何謂「開悟」呢？「開悟」不是個「你就會飛天遁地、變得很厲害」的東西，而是因為你對一切事情的本質有了真正的了解，這份了解就在告訴你「無來無去」，所以你對這個世界開展出了「慈」，而不再活在「悲」裡面。

輪迴是「自私」與「不了解」所創造出來的「來來去去」之苦

那輪迴是什麼呢？就是因為人的神性「睡著了」，所以才必須透過肉體的投生，讓自己親身去經歷；去經歷那些因為「自私」與「不了解」，所創造出來的「來來去去」之苦。

例如現在大家都活在金錢的「來來去去之苦」裡面，這就是因為大部分的人心裡頭自私的那個部分，一起促成了這個「錢只能愈來愈流向少數人」的循環系統——而這就是在關閉愛。可是這就是投生到地球這個層級的人，會做的事情。

從古至今，任何時代的人都很熱中於談論新科技，但試問：你發明ＡＩ要做什麼？如果你沒有愛，你就只是要廉價勞力，那這個ＡＩ發展了以後，是會更把你自己掐死的。為什麼呢？即便你是大老闆，可是你的企業有機器人，別人就不會有嗎？既然你們都只是在逐利，那麼你們還是選擇了互相廝殺的日子，把自己推進「白色巨塔」，像一些龐然怪獸在做生死鬥，那麼你會有好日子過嗎？同時當你只是想要廉價勞力，你就讓金錢無法流動到一般大眾的身上，那麼他們小孩也不敢生、房子也不想買，經濟也死了，你還能從哪裡賺錢？

現在這個世界的財富，就是一直流向所謂的「金字塔頂端」，但是當你只剩下那個「頂端」，沒有底下那片大地的時候，爬進頂端的人也是死路一條。之所以現在那些既得利益者，還可以用這樣豺狼虎豹的方式活的好好的，就是因為這個世界還是有很多人，是用愛在盡著本分做事的。否則試想：即使你再有錢，可以買得起私人飛機，只要一個做維修的工人沒有盡本分，工作時分心看股票，沒有把你機翼的螺絲釘鎖好，你也就摔死了。

所以，如果不是這個世界還有一些人，仍秉持著對別人的責任感在做事，那些做偷雞摸狗的事的人，也無法撈到任何好處的。就像台灣的房地產，現在大家不敢生了、買不起了，你再怎麼偷工減料蓋建案，也賺不到了，不是嗎？那台灣為什麼會變成現在這樣呢？就是過去幾十年來，這些有錢一點的企業都去炒房，不盡本分了。

台灣從過去到現在，這些議員、立委、政治人物與企業，就是這樣合起來在追逐短利，然後整個金字塔的地基——也就是整個社會，就開始像溫水煮青蛙一樣漸漸改變，漸漸從最沒有錢的人開始活不下去，一直往上蔓延，到最後就會是大家一起倒，這也就是「癌細胞」的生態。

有的人說：「可是那些富豪可以帶著錢跑到國外去啊！」這樣認為的話，就是不了解為什麼會有「平行宇宙」這樣的現象了。「平行宇宙」的意思就是：如果你的心念在此，你的「系統」就會在此，也就是你是會活在「你的平行宇宙」，無論到哪裡都跳脫不出來的。

上述那種沒有愛、只是逐利的平行宇宙，就叫做「地獄」，而這個地獄是不管你到哪裡去，都無法逃脫的；而且不只是無法逃脫，還會從這個地獄一層一層地陷下去，陷入愈來愈苦的處境裡，直到他完全沒有享受到甜頭的感覺了，全部只剩下痛苦的時候，他才會想要爬上來。只是到了這個時候才想要回頭，也沒有那麼容易了。當然現在還有很多人看不懂這個，也不相信，還想要拚命往這個方向鑽，這就是地球這個層級的教室，來投生的人類主修的功課，因此也不令人意外。

懂得整個人生、整個世界的因果

所以附帶一提：為什麼「上心靈課」很重要呢？因為「上心靈課」的重點其實不是「心靈」，而是要去了解，你怎樣不被別人的功課拉進「地獄模式」裡面受苦？「上心靈課」是要讓你自己懂得整個人生、整個世界的因果，這樣就算你有任何的走偏，也能夠知道怎麼「回頭是岸」，不被自己製造的吸引力法則，把自己吸進地獄。

所以為什麼佛說「眾生畏果，菩薩畏因」？你真的開始看得懂各種事情的因因果果，你就是有在「覺醒」，這才叫做「上心靈課」。

那麼對於已經生活在地獄裡面的人，有沒有可能快一點「回頭是岸」、甚至於「一世解脫」？也是有可能的，那就要看你的心裡面有沒有在「拜」那個「神」——也就是對於「神」，你有沒有一份感謝和尊敬？那，神是什麼？

實實在在地告訴你，每一個「別人」就是你的「神」；每一個「外在」就是你內在的「老師」。如果你不是在利用「神」，而是透過「神」在開啟自己的智慧，你就很可能一世解脫。

當然，倘使之前你作惡多端，雖然你決定要回頭了，但之前種下的那些因果還是要承受的；這就是為什麼有的人決定要向善的時候，就會有很多事情突然跑出來打擊他。但這並不是壞事，這是在幫助你加速通過過去的因果，只要你向善的決心不改變，就算暫時窮途潦倒，將來也一定會再度豐盛起來的，有些企業家戲劇性的故事其實就是這樣的。

所以為何有句話說「傻人有傻福」？有的人本著心、本著感謝與良知，願意去奉獻或犧牲掉眼前看似的利益，對於頭腦精明的人而言，他好像很傻，但其實他才是最有福氣的人，因為這樣的人跟「神」是最有連結的。反之，跟神沒有連結，反而去詆毀神、甚至想跟神挑戰的那種人，那他的功課就會很快到來，而且會在他最意想不到的時候、在他覺得最不可能的時候，它就來了。

「打開神性」的流程：「感謝」、「反省」、「奉獻」三部曲

最後，我們回歸到「天堂模式」裡面，來談談從現在開始，你如何打開你的神性？

首先是去練習感謝。當你在某件事情上面真的產生出感謝之情的時候，你再從感謝裡面去「看」，看這件事要這樣發生，必須有哪些因緣條件？那麼你就會漸漸看到「奇蹟」，你就會感覺這些事裡面藏著很多的「神」，它不是偶然的。那麼在這個幸福感裡面，接著你就去想：「我何德何能可以享受這樣的福分呢？」然後再去「看」自己，看自己接下來可以怎麼做（反省）？通常一個由心而來的想法，就會出現了。

每當你有這個由心而來的「看到自己可以怎麼做」時，就是你已經長出翅膀，開始在你的生活範圍內飛上來了，因為你已經是從更高的能量、更高的意識去俯視你現在生活中

的事情，而感應到了方向。然後當你真的去做了（奉獻），這些「做」點點滴滴地累積起來，你就會發覺你生活各方面的變化都打破了你原先的預期，有了令人不可置信的改善，於是你也就會察覺到，有關於某些你一直被困住的生命難題，之前自己所沒有看到的脈絡。那麼，有關你可以如何去打破這些難題，讓它朝你想要的方向演化，你就會有了清楚的頭緒了。

上面這個過程，就是「感謝」、「反省」、「奉獻」的三部曲。

特別叮嚀一點：有些人對生活中的某些狀況，能夠由衷感謝時，他也會意識到那種「奇蹟感」；但如果他的心境只是停在這種「神妙」的感覺，甚至反而加強了自我的「全能感」或優越感的話，那就又是「睡著的了」。所以在這個感覺到「神」的時候，你一定要接下去反省：「那我要怎麼去奉獻自己？」這樣你才會真的能夠看見你生命進展（靈魂進化）所需的「下一步」。

也就是說，人是可以有預知的能力的，若你真的想要有「預知」的能力，你必須要進入「奉獻」這個階段，必須要願意向「奉獻」打開，這樣你才會在你的「內在空間」裡面去看到你應該走的路、應該做的事。

然後你一邊去做的時候，如果一邊去留意周遭，你就會發現，有更多與你正在做的事、走的路吻合的事情，不斷跳出來讓你看見，告訴你確實應該這樣去做沒有錯，而這就是開啟了「預知」！因為你已經可以看見那個「如果你不做會怎麼樣演變、做了又會怎麼樣演變」

的差別了。能夠這樣看見時，你就會深深地體認到，如果你沒有去「奉獻」，你根本沒有辦法從這些原本就存在、並且已經圍繞在你現在生活的人事物裡面，發現它們早已在告訴你，該怎麼做才是會讓你向上走的提示。

以上就是「打開神性」的實際流程，以及其間的風景。

最後要告訴大家的是：探求靈性世界的奧祕，是無法站在門外研究的。就像如果你沒有真正的有錢過，你說你懂得有錢人的世界，那都只是皮毛而已，甚至更多是你自己的想像和誤解。同樣地，人一直在生老病死、在這世界對他展現的「肉弱強食」中受著苦，如果你沒有去把這個「五濁惡世」轉變成你的「遍地寶藏」，在裡面親自一步一步打開對神的親證（所謂的「步步蓮花」）的話，去研究別人的特異功能，或是自己試圖要去通靈，那非但無法進入「靈性世界」，還會剛好相反，你會被你的頭腦控制得更深，然後就會被這世界更精密的其他頭腦所吞噬、擺布，而看不見自己人生的功課在哪裡，白白浪費自己寶貴的一世。

人只要是在他的自私裡面去追尋什麼，靈性世界就一直會對他隱沒，而展現出「五濁惡世」的面貌；可是相反的，當你願意走向「感謝＋反省＝奉獻」，你才會真正明晰地看見靈性法則，看見神是如何有力地在你人生的全方位裡，活生生地運作一場偉大的奇蹟，然後你就會看見一個明白的事實：

你只是做了那麼一點點，卻得到那麼那麼多！這個天堂模式，這份偉大的合一，讓你感謝得都不知道該用什麼話去說了。

（註）請參閱《奉獻》一書 P.178。

☆心想事成真正的「祕密」，跟你學的可能不一樣

雖然賽斯曾說：「當下就是威力之點。」但為什麼你的「當下」不但沒有「威力」，還老是只有感覺到「業力」？本文要告訴你「心想事成」真正的「祕密」是什麼！（不要再浪費光陰了）

清楚，就不需要療癒

你有沒有這種經驗呢？一件事困擾了你好久，雖然飯照吃、班照上，可是心裡就是灰撲撲的沒有士氣，甚至對於生活都失去了興趣，早上很不想爬起床。如果說情緒是會累積的話，那麼這種心情日復一日，應該累積了厚厚的一層土了吧？可是突然有那麼一天，有那麼一刻，有個靈感忽然讓你看到一個角度，讓你看到了那件事情的解答，明明你都還沒有去處理，可是你的灰色心情就立刻一掃而空，心裡的天空好像突然放晴，活力立刻回來了。

這時候，你還需要回頭去「療癒」之前的情緒嗎？不用。為什麼？因為它們根本不見了，而且這時候你會跳起來，馬上對那個困擾採取行動。

賽斯資料有句名言「當下就是威力之點」，你每天經歷過無數的「當下」，但像這樣，真正讓你覺得很有威力的「當下」，很多嗎？相信大部分的人是會搖頭的。沒錯，因為如果你會點頭的話，你的人生一定就已經達成你想要的成就了。

為什麼有些「當下」是這麼有威力呢？這個「威力之點」的「威力」是怎麼來的呢？其實就是因為在那些當下，有一個從「零」到「一」的跳躍。所謂的「零」就是「你沒有意識到」，而「一」就是「突然你看到了」！這個「看到」就是「清楚」，不管是「對於錯誤的清楚」，還是「清楚了那個對的」，你都會立刻知道接下來該怎麼做，而這個就是「威力」之所在。

所以，「當下就是威力之點」這句話雖然可以做很多闡釋，但就「人生遇到困境」的這個切入點來說，它的意思其實就是：「清楚等於療癒。」

當你從「零」突變為「一」——從「不清楚」變成「清楚」的時候，就好像來到兩條鐵軌的交叉點，看起來你好像還在原先的軌道，接下來應該會跟以前一樣往左行駛的；但是，不，其實你的軌道已經換了，下一瞬間你已經切到右邊，向著另一個結果去了。

因為你在那一刻有了「清楚」，那個「當下」才會有威力。一旦如此，接下來火車就會往新的方向移動，原本在你人生中一直重複的遭遇就會開始瓦解。也許剛開始圍繞著你的風景看起來還是舊的，但隨著這輛火車繼續前行，新的風景就會開始映入眼簾，帶給你那些「對」的空氣、「對」的景色、「對」的人事物——那些就是你一直想要看到、想要呼吸到的，而現在你看到了、呼吸到了，就會讓你又更加確認、更清楚，自己的未來真正想要過哪種生活、真正想成為怎樣的人。這會形成一個正向循環——一個「清楚」帶來下一個「更清楚」——那麼你就會心懷喜悅、帶著決心與覺知，往你要走的未來前進了。這時候，以前誰傷害過你、誰踐踏過你……過往的一切還會有什麼重要呢？

所以更貼切地說：「清楚就不需要療癒。」

「清楚」所帶來的效益幾乎可以這麼比喻：就好像當你愈來愈清晰地看到眼前的兩條路，往A走什麼都沒有，往B走可以拿到兩億時，任何人自然而然就會不斷校正方向，讓自己往B走去，那最後拿到那兩億，只是遲早的事了。

這個從「清楚」帶來的「自然而然」的校正效應，就是「量子力學」的示現。就像一個水滴滴在湖面上形成漣漪，本來漣漪是往四面八方擴散，是沒有目的的；但當你有個「清楚的想要」時，這個清楚就使得「弦理論」裡面的「弦」（形成我們實相的最小單位），它的振動發生變異，即刻推動一種重新「校正」的力量，於是水波將不會向四面八方擴散，而會變成朝某個方向集中而去。

「心想事成」的條件是什麼？

從這裡就可以告訴你真正的「祕密」了──「心想事成」的條件到底是什麼呢？如果你的「想要」（就是你冥想的那個未來的畫面），不是從那個由「零」跳躍到「一」的「清楚」裡面產生出來的話，它不會有威力，不會激起量子跳躍，它不會在那個當下造成一種重新校正「弦震動」的力量。也就是說，在那個你「想要」的當下，並不會形成一個軌道的切換，你還是會留在舊的軌道裡。

這就是為什麼，很多人「想要」戒煙，卻只有少數人戒煙成功；又為什麼有更多人「想要」成為富有的人，卻又只有少部分人經驗到一種由心而出的方向感，真的知道自己「下一步」該怎麼做。因為你的想要，沒有經過那個量子跳躍──「清楚」，所以它是沒有力道的，你的「想要」裡面只有匱乏的投射，沒有能量、沒有指引。

「清楚」才會使你產生瞬間切換軌道的效果，把你往「那兩億」的方向送。但是事情也不是切入軌道就完成了，當你正往你要的方向走時，同時也就會繼續帶來往那個方向走會有的功課；所謂的「功課」，就是你會碰到需要再去「清楚」的東西，沒有清楚的話，你就會再度失焦，使得這個「通向那兩億的路徑」又陰陽魔界般地消散掉。所以只有願意去做你沿途碰到的功課，讓每一次的「清楚」去持續校正你的「念」的波動，你的視線才會重新恢復，然後路徑又會形成（它不是一條直線），繼續將你往正確的方向推升。

學習心靈成長，如果你學得「對」的話，是會愈學愈有「清楚」的；而每一個小清楚又會累積成更大的清楚，於是很多以前會讓你過不去的「當下」，現在都變成了「威力之點」，那你就會自然而然不斷調整、校正你的軌道，過關斬將，直奔豐盛（心想事成）。所以為什麼我們有一篇文提到，你的「財庫」一定會打開（註），可是如果你學「錯」的話，你就會發現你會一直在同一個層次遇到重複的苦，永遠有「療」也「療」不完的傷痛。

有很多人讀了許許多多心靈書籍、上了許許多多心靈課程，結果在現實生活裡，實際上變成只能用自己學到的觀念一直去說服自己「接納」所有的不順遂、「看開」自己的事與願違、「放下」心中的傷痛和情緒，重複地拿起頌缽、精油、心經、地藏經……無論什麼，來試圖「鎮靜」那些一再捲土重來的情境和情緒（連很多自稱的療癒師自己都是這樣，卻還是繼續用這些東西在賺錢），那麼不管這些書、這些課、這些法門有沒有問題，有個問題是可以確定的，就是：你沒有真的找到那個「清楚」。

也許現在你還年輕，但我想告訴你一個觀察的指標：當你一直覺得「找不到自己的天命」、「不知道自己要做什麼」，你的人生其實是正在往下沉的，奉勸你要能去意識到這個跡象。現在只是還沒有沉到你要喊救命，還可以撐著，所以你還可以在「靈性的百貨公司」裡面去「參觀選購」。

不只是你，很多人的人生其實也是正在慢慢往下沉，但是因為暫時沒有危險性，他們的心裡就告訴自己「暫時不去處理」。然而，不知不覺有一天，當你人生的下沉已經破了某個底線、某個水準的時候，那時是會很難處理的。因為人的年紀愈來愈大，體力心力都會比年輕時衰弱，你的餘命就會愈來愈苦，苦到後來，你甚至會恨不得早點從這個世界上消失（但下一次的輪迴依然會形成同樣的處境）。

不是你的「想要」，而是你的「清楚」

有人問：「我覺得我很努力了！我練習過很多法門了，為什麼我還找不到那個清楚？」你的努力是真的，但也同時不是，因為你其實只是在一個你願意的範圍內努力，你是在一個你設立的隱形界限內努力，所以這個努力裡面有欺騙，它是徒勞的。

有一個人在屋子外面找東西，他找了好久還在找，引起了一個好心人的注意，那個好心人說：

「咦？你在找什麼，要不要我幫忙找？」

「好哇！我掉了一根針。」

「你掉在哪裡呢？」

「我掉在屋子裡。」
「那你為什麼在屋子外面找？」
「因為屋子外面亮，比較好看啊！」

這個故事就是在講這件事的。

還有一種狀況，他其實是曾經有過清楚的，但他又退轉了。例如他的人生曾經跌到谷底，當時真的很痛苦，那時他真的願意不計代價去尋求「清楚」，這個「不計代價」的誠心，便使得上天帶給他那個機緣，讓他遇見那個清楚，讓他開始轉軌了；可是，當他的痛苦減輕、消失了、甚至招來順利了以後，慢慢地，他的自我又跑出來了。

本來這個軌道還會繼續帶給他下一階段所需要的清楚與指引，但是當他的自我跑出來的時候（在順境裡又想去自私和計較時），他就別過頭不想去看了，所以他就戴上面具，假裝自己是「清楚的」，但是那個「從心真正去清楚」所產生的量子軌道其實已經消失，眼前的軌道已經是由他的自我（過去的業力）所顯現的線性軌道，於是他又走了回頭路。

因此一陣子以後，他的狀態就會打回原形，彷彿前功盡棄。而從他現在的苦境，回過頭去看過去那些曾經讓他轉軌的「清楚」，他就會覺得那些也是假的、沒有用的，對之前的一切全部失望，這時他就開啟了惡性循環的地獄之門了。

其實真相是，當一個人的自我（自私與計較）又跑出來的時候，一條隱藏的界限就很容易形成，等揚升的軌道帶領他要進入下一步的學習時，碰到了這條界限，就會在這裡同樣形成一個軌道的切換點，揚升的軌道就被自我幻現的輪迴之路巧妙替代了。

請記住這個叮嚀：若是一個人戴著他的面具不肯卸下，那麼到任何地方去，他都會讓任何真正對他有幫助的東西失效，然後他就會開始去抓住那些可以安撫自己的東西。可是後者，也就只是各種形式的依賴與上癮而已。那麼到了後來，「清楚」對這個人而言，就會是太痛苦和恐怖的事（因為會去面對醜陋的自己），那麼他所有的當下就會變成什麼了呢？就會變成「必須要無時無刻努力地包裝與美化自己，可是又無時無刻不在裡面壓制內在衝突」的無間地獄了，這時候的這個人，其實就已經生病了。

所以，話說回來，人生透過任何目標或歷程（就算遇到大災難），本來都可以「修行」，也就是都可以開展出智慧與豐盛的，但關鍵就是要看你在這些歷程裡面有沒有真的去累積「清楚」，並且能夠誠實地、持續地以這些清楚去校正你的行動與思考，這才是「有在修」。能這樣，你人生的路途不但會開始變得平順、好走（道路都會有銜接），漸漸地還會開始呈現非線性的揚升現象：例如更快速地心想事成，一年的成長抵得過以前的三年、五年、甚至十年……等。不但你的心境會愈來愈輕鬆、樂觀；同時從你的眼睛裡看出去，也真的到處都充滿機會、資源，到處都有養分可以提供你實現下一步你所想要做的事。那麼你自然會對人生充滿由衷的感謝、自然很樂意也去為別人奉獻，去形成一個滾雪球般的正向循環。這就是佛經裡面形容：佛陀雖然和大家好像一樣也是在「五濁惡世」裡面生活，但以他的腳所踏之處、以他的眼所見之處，全是「極樂淨土、黃金為地」的意思。

所以真正的「祕密」——那個心想事成的拋物線法則是什麼呢？不是你的「想要」，而是你的「清楚」。

但人的投胎轉世就是透過這樣的歷程來學得智慧，這是真正的目的，而不只是物質上的成果或享受；這也包括有些和尚以苦行的方式在修行，如果修到後來，他的觀念還是有很多堅持和固著的話，那你絕對可以肯定，他的苦修也是助長了「自我」而已，不是真的修行。

高靈很強調地開示，這是任何人都可以這樣的。

但是靈修如果修對的話，是會讓你走向豐盛的未來的，只是看你能不能持之以恆，並且在一路上根據你的目標一直校正調整你的「念」，這樣就自然而然能夠抵達你想要的未來。

這裡與你分享一個更快清楚未來自己真正想去哪裡的方法：當你有一刻出現了「清楚」一時——也許只是對自己的錯誤的清楚，但這時你可以立刻坐下來冥想，靜下心問自己：「那未來——例如三年後——我想過什麼樣的生活？我會希望年後我的人生會有什麼樣的成果？」把問題投入心海之後，你就放空，你會發現，自然有畫面或答案在心中浮現給你。

這樣你就會藉由當下的「清楚」，延伸出對未來的清楚。如果你真的朝這個方向去做，持之以恆，很可能三年後就會實現這個心象了。

這就是「量子力學」。

（註）詳見〈走上真正的療癒之路，連你的「財庫」都會打開〉一文，出自《讓我的功課，變成我的精采》，章成著，商周出版。

☆從「重力波」，談「意念重力場」

二〇一七年，舉世最重大的新聞之一，就是美國的科學家團隊以實驗證實了，愛因斯坦推論的重力波的存在。因為新聞報導只是從天文研究的觀點去談重力波，所以很多人認為離自己很遙遠，對實際生活沒有幫助。其實，透過重力波的證實，人類將逐步揭開這個世界更深的運作奧祕，因而懂得該如何創造自己的命運，這不是非常重要嗎？

為何這麼說呢？因為意念其實也會形成重力場（也就是造成時空的扭曲）。現在科學家終於有能力測量到重力波的存在了，那麼以後便有可能測量到，意念與意念的互動之間，也能產生重力波，那麼他們將觀察到靈性領域裡一直在談的：在物質世界背後，意念的力量如何運作。

現在且讓我們繼續走在科學之前，通過高靈給予的訊息，來談談「意念重力場」。

你的念力會影響的人就是自己

意念也會形成重力場，這就是所謂「心念的力量」。所以很多人聚在一起時，重力場就會增強；而重力場的特質之一，就是「有加速能力」，所以「因果」（原因與結果之間所需的時間）就會縮短。

你只要記得一個原則，「愈緊密，因果就愈加速」，這與科學家觀察到，質量愈大的物體，重力場就愈大，是完全一樣的道理；而以後他們就會發現，這本來就是一樣的事情。所以，這也是為什麼在網路時代，大家更密切的交流和聯繫以後，會造成一種社會演化的「加速作用」，顛覆很多人對事件發生所需時間以及規模的預期。例如很多事情以前要十年二十年的演變才會發生的效應，現在只要三、五年就會發生。網際網路的出現，造成了意念交流的密度被空前的提升，於是任何事情放上網路，網路就會展現出「因果的加速器」的特質。

意念的力量真的很大，但很多人誤解了這句話，變成誇大了「自己的意念」對於萬事萬物的力量。這種狀況常見於心靈圈很具有浪漫情懷的人身上，例如：

集眾人之力，去為一個人祝福，或為一件事祈福，到底有沒有用？如果要以結果而論的話，實際上，無論有多少人為一個人祝福，其影響力都比不上這個當事人能夠給自己祝福，因為他自己形成的重力場，對自己的影響是最直接而巨大的。

如果一個人自己不能祝福自己，再多人的集氣，那個影響力都是微乎其微的。因此如果要集氣祝福，真正比較可能發揮出成效的作法，是真的要告訴對方，讓那個人充分的感受到眾人的心意；因為感受到很多人的心意，就比較有可能引發這個人願意去祝福自己、讓自己朝著光明的方向走（但也只是「比較可能」而已）。

因此當我們提到意念的力量，並想用意念的力量去改變外在的人事物時，你必須考慮一個因素：別人的意念也是存在的。

至於為地震或颱風這些事祈禱呢？不要認為只有人是有意識的，地球也是有意識的，地球相較於人類，其實是更大的靈，它也有它的運作模式，這運作模式也有它的需要和理由；你認為沒道理或不喜歡的，地球意識卻不會這樣去看，因此祈禱地震不發生或颱風轉向，人的意念的影響力其實也微乎其微。所以用人主觀的、一時一地的喜好去希望自然如何運作，不僅不會有效，也不是明智的。

有一個真正重要的重點，才是我們該關心的：當你在祈禱或祝福的時候，你影響的不是外界的人事物，真正產生最大影響的，是對你自己。也就是說，你的念力確實會影響人，但那個人就是你自己。

「念」不是你頭腦「說的話」，而是你的心境「黏」在哪裡？

接下來要講的東西，需要你細細地思考觀察：人真正的「念」，跟自己在「想」的，常常是剛好相反的。例如有的人看到別人發生災難了，頭腦裡想的是：「啊！但願他們安好、通過難關。」這似乎是出於愛，但他真正的「念」其實剛好相反，是出於恐懼，是聚焦在災難的恐怖感上的，它真正的內容是：「我好怕這發生在我身上，我不要這發生在我身上。」但是因為現實中自己確實沒有遭遇到，其實是有慶幸感的；於是「還好這不幸沒發生在我身上」的慶幸感又造成了內疚，頭腦就會趕忙將這種慶幸轉以「祝福」或「同情」的表達去取代，以避免內疚。

所以他雖然在祈福和關心，可是那只是表層的部分，內心深處並沒有真的在關心他者，而是在關切自己；或者說，他是透過關切他人的悲傷在關切自己的悲傷，而這個關切自己的念，其實從頭到尾就是被嚇到了，所有反應都是「我好怕這個發生在我身上」的變貌而已。那麼他可能認為自己是在虔誠的發送祝福、送光送愛，然而真正的結果是：他愈是如此想要迴避這份無常，就愈將帶有這份恐怖感的類似事件，更往自己的生命中拉近，也就是自己碰到的機率反而變高了。

所以重點是：「念」不是你頭腦「說的話」，而是你的心境「黏」在哪裡？有力量的是後者，而非前者，「吸引力法則」是根據後者而運作的。所謂「正面思考」，經常也是基於害怕某些狀況發生而為的，所以愈是刻意這麼做，相反的事愈容易發生；反而一個能真心接受無常、坦然面對各種可能的人，他的人生比較不會遇到「無常」，他就沒有「無常」的功課。

上述的道理如果深入下去，你不僅會悟到所謂的「人生功課」是怎麼回事，還會明白，為什麼往往只有逆向操作才有可能解脫你人生遇到的困境。但若引伸下去，篇幅就太長了，留在課堂上解釋，請有緣人可以到課堂上來探討。

所以通常，人一直在要的東西，就會愈要不到。比如有的人覺得自己很貧窮，他就一直去賺錢，他是在「要富有」；可是他雖然有很多錢了，你會看到他內在還是很貧窮，因為他還在更狠、更用力的去試圖賺更多錢，甚至犧牲健康、良知也在所不惜。這證明無論他要了多少錢，他就是要不到「富有」。

如果誠實去看自己一天二十四小時所作所為底下的真正動機，可能會發現，我們幾乎都是在「要」，因為「要」什麼所以才去「做」什麼。可是那個「要」的後面就是基於「我沒有」，是根據「我沒有」而去做的；那麼出於「我沒有」而吸引來的「有」，就會一直讓你感覺到「我還是沒有」。所以人類的匱乏感數千年不變，到現在還在受貪婪之苦。

那麼，如果你真的想要「富有」，正確的方式是什麼呢？

就是要從感謝開始。如果你能真的開啟感謝意識，由衷地對生活感到感謝，這就是有了「富有的感覺」。接下來你再透過感謝去反省，調整你做人做事、做生意的方式（就是感謝之後一定要有相應的具體行動），你就會逐漸堆疊出一個「以富有感聚集出來的生活架構」；當它愈大、愈持續，重力場就愈強，它就會變成一個「富貴的加速器」，把會讓你愈來愈富貴的人事物與智慧（是真的讓你能感到享受的那種），都愈快地吸引過來。於是你的日子真的愈過愈豐盛了，這就是人生能夠倒吃甘蔗的原理。

「心念」的因果，是物理的、是現實的，不是飄渺的

最後舉個例，來讓大家更清楚：

現在有很多網路名嘴知道，要持續受關注的方式，就是要追著時事發表評論，可是很顯然，哪有一個人可以對任何議題都有清楚的研究呢？如果遇到自己不熟悉的領域，這時候他們就面臨抉擇了：對於不清楚的部分是要忽略過去，為了自己想引導的結論而強行拼湊理論、數據，還是先花時間弄清楚再評論？但也許等你弄清楚，那個大家最關切的發文時機點就過去了。

好，我們假設有個人，他總是在第一時間發文，搏得大家注意，可是那個內在的「念」，其實都是基於「想發展自己」，也就是「我還不夠、我需要趕快抓住機會」的焦慮感，那麼實際上這樣的念滾出來的人生風景，即便你從外在看，覺得他好像很風光、受矚目、名利雙收，可是其實他的焦慮感不但沒有減少，還會比當年更為加重。那個他吸引來的成功架構，竟是讓他受苦的！（所以這樣算成功嗎？）

可是如果他知覺到這個抉擇的狀態，然後回到「感謝、反省、奉獻」的模式去思考，他

就會感覺到：「不行，我做這些的目的，本來是希望真的讓社會更好、更清醒，那我就要提供給別人公允的觀點、寫出扎實的東西，要穩扎穩打的去做才是對的。」於是他會再多徵詢一下事件各造的想法，再多做一些功課，晚一點兒下筆，寫出更成熟、對大家更有提升幫助的東西。那麼他發表以後就會睡得安穩，心裡感覺踏實、喜悅，情緒就不太會被點閱率所牽動。而他多花時間所做的功課，也會在未來，變成他更能舉一反三的能力與視野。這樣經營下去，他就會以一種更穩健的方式（伴隨著扎實的成長與真誠）去成功，他就不會愈做愈生病，愈生病就得用愈扭曲的方式去掩飾空虛和維持假象了。

可是這種抉擇，是存在於很私密的一念之間，你如果要用頭腦來告訴自己或別人，你是對的，你是因為善念、因為使命感……這也是很容易掩飾過去的。可是「心念」（在意念重力場裡）的因果，是物理的、是現實的，不是飄渺的；念之所在，即是重力場之所在，結果不會從別處堆疊起來，只會從你的念之所起。「因果」，真是最能「直指人心」的！

（註）有關「時間」、「空間」以及「重力」的本質，請參考《都可以，就是大覺醒》第二章〈超越時空的自由〉，商周出版。

☆從你的「未來」，看見「當下」的路

——靈修其實是門「未來學」

高靈說，每個人天生帶來的靈魂功課，其實自己可以知道。

原因是，在你人生不同的時期，你的「高我」會來「點」你，讓你特別可以感覺得到這個（只是很多人自己把這個觸發的片刻遺忘）。而這個「點你」的方式，是透過製造一個你與「你更高的未來」的「蟲洞經驗」來達成。

蟲洞經驗：你和「你更高的未來」相通了

例如說，你還在幼稚園的年齡，本來每天都只是在吃在玩，可是會有一刻，忽然間你會知道你這一世是要來做什麼的。然而這種時刻都像電光石火那樣，只是一瞬之間，之後你就又變成那個在吃在玩的小朋友了。

這種電光石火的「覺醒」狀態，其實就是你經歷了一個，穿越時空的「個人蟲洞」。

一般人的人生，會有幾次像這樣的奇妙經歷。雖然不是絕對，但大部分的人會從四歲開始，每隔十年有一次這樣的「蟲洞經驗」。為什麼說這是「蟲洞經驗」呢？因為那個時刻其實就是：「你的當下」與「你更高的未來」的某個「當下」，這兩個平行時空重疊了，它們變成是互通的。所以你覺知到了來自於「那個更高的未來的你」的「知曉」。

這個由你的高我所給予你的「蟲洞經驗」發生時，有的人就會「很超齡的」意識到他來到此生的目的。例如你明明才四歲，可是突然就「想起了」你這輩子是要來找某一個人的，而且內心非常悸動。可是一個四歲的孩子本來是不會有「這輩子」這種感覺的。也有的人會突然間看見自己未來的「狀態」，例如「我有一天會是一個研究某種東西的人」、「我有一天會開一家很大的公司」等等。

「蟲洞經驗」也會藉由睡眠的時候發生，而這種夢境總會伴隨著一種「寓意深長」般的感受，很明顯地與你平常的夢不一樣。

「蟲洞經驗」還會發生在你比較放空的時候。但若是在這種情形底下發生，很多人會以為是自己在做白日夢。例如有個人可能正在發呆、或腦袋放空地正在洗碗……突然間，卻好像「被抓到」另一個地方，看見自己正置身在一個豪華的大廳，穿著美麗的衣服在跳舞。可是因為頭腦接著就會開始自由聯想起來，所以她就會以為這純粹只是自己在胡思亂想。其實真相是：是你先經歷了一個「蟲洞經驗」，然後才接下去幻想的。那怎麼去分辨呢？

如果是「蟲洞經驗」的話，只要你認真去回憶，就會發現剛剛其實是先有一個「覺」

——你突然「知覺到」某個場景，或是突然「看見」了一個景象，接著才引發後續的「啊！我也好想成為一個貴婦……」的種種想法的。

也就是說，事實上是你先看到了自己更高的未來，可是你不知道那是你自己的未來，所以你的意念就變成了嚮往和羨慕。

只是，即便當下能感覺到這個經驗不尋常，即便當下有強烈的悸動，絕大部分的人也會把高我所給予的「蟲洞經驗」遺忘掉。因為這些突然之間的「了解」或「看見」，通常會跟他們現階段的現實狀況差距很大；甚或是在那個年齡的他，也沒有辦法理解這個體驗。所以大多數的人，就會把這「神奇的一刻」抹煞掉。

例如一個小朋友正在跟其他的小朋友玩耍，在等待接球的時候，他忽然間感受到：將來他會在一個很遠很遠的國外，也和一群人同樣在做一件自己覺得很有趣的事；那好像是在創造一個什麼東西，而且會賺到很多的錢。並且，在這件事情裡面有一個更重要的目的，是他必須從中體會到一件很重要、很重要的人生道理。

由於這個突然來的「知曉」太過於特別，所以他會沒有辦法繼續玩耍，他也許就突然自己跑開，在附近的巷弄裡徘徊著。可是過了一陣子，也許十來分鐘，那種「知曉」的感覺就消散了。小孩子會感覺到：「咦？剛剛那個感覺不見了！」回神過來，他看到鄰居其他的小朋友還在玩，他也許興奮地立刻跟同伴們說出這個經歷：「我跟你們說喔！我剛剛有看到我的未來，我以後會怎樣怎樣……」但是大家聽了也都是面面相覷，不知道要說什麼，於是大家又繼續玩了。那麼當他重新跟著別人繼續玩以後，他就會決定忽略掉這個，沒有辦法跟他的現在產生相關意義的經驗。

做靈魂功課，就是想要給自己更大的自由

還有一些人會遺忘這個「蟲洞經驗」的原因是：那個「未來的場景」同時也預示著他會遭遇的功課（例如必須要領導很多人，或是要跟很有權威的人周旋……），可是這些部分卻不是他有興趣的，甚至剛好就是他不想要碰的，那他就會繼續自己的頭腦想做的事情，把這個蟲洞經驗拋掉了。不過這是很正常的反應，因為畢竟所謂的「功課」，就是裡面有要「勉強」的部分，而人都是喜歡安逸的。所以除非他正好是個遇到困難都會積極面對的人，那麼當他透過蟲洞經驗看見自己未來的畫面時，這個知曉就會維持得比較清晰，否則很多人都會將這個「看見」剔除掉。

可是當你剔除掉這個更高的未來，你的人生反而會變得比較辛苦，因為你會停留在某個層次裡面不斷重複某些問題，而無法解決。也就是說，當一個人總是選擇「可以不去碰他的功課」的路走，他的人生就會比較「事倍功半」。例如就算他賺得多，到後來也會賠得多；或是這頭賺進來，那頭卻又流出去，好像總是沒有辦法累積出人生的第一桶金。簡單說，

就是他的人生會一直有一種「高不成，低不就」或是「看得到、吃不到」的感覺。

在這裡對於「靈魂功課」，我們可以有一些更深入的認識：有些人聽見「靈魂功課」這個詞，會對「功課」兩個字覺得感冒，因為這兩個字有一種「被規定」的感覺。有些人會說：「為什麼我非得做功課不可？難道沒有自由不做嗎？」其實這是有誤解的，我們人做功課，就是因為自己想要給自己更大的自由。

「靈魂」就是那個更深層、更誠實的你自己，它是知道自己的苦、自己的限制的；它知道它渴望回到愛裡、回到創造力裡，而不要一世又一世地活在對很多事情的「悲」（無力感）當中。因為想要這樣去獲得自由，所以它才要再來學習，想要去穿越自己上輩子未破關的課題。

可是另一方面，「做功課」就是會有需要違逆自己習慣的地方，所以只要是人，也都會有抗拒，這是極為正常的。只是這個「抗拒」真的不會讓你就此開心的生活著，因為「抗拒功課」的內在狀態就是：明明自己也知道怎樣比較好、怎樣比較不好，可是又會害怕改變，就一直用各種理由拖延這個課題。然後拖延了以後，自己又會不喜歡這個拖延的自己，就變成在那裡一邊拖、又一邊插自己刀的狀態。

其實當你偶爾振作起來、鼓起勇氣去做出調整的時候，也會感受到好的經驗和好的能量，所以很多人的心裡面都明白，是自己根深柢固的習性很難改變，而不是改變不好。然而每每這個時候，人就會羨慕起那些，好像一直很有行動力、敢於投入未知、很知道自己要做什麼的人。你會很想知道：為什麼這些人彷彿「莫名其妙地」，比別人更能夠「有勇氣去改變」呢？

例如有一些大老闆或成功的創業家、科學家，在關於他們生平事蹟的報導裡面，你會聽到認識他們的朋友或家人說：「他從小就好像很知道自己要做什麼，他不怕跟別人不一樣，我們都不知道他這種自信是從哪裡來的？」或者是：「他本來看起來跟別的孩子沒有兩樣、甚至於一直混到國高中也不知道自己要幹嘛。可是突然有一天不知怎地，他自己好像『開竅了』！從那一天起，他突然變得很積極、很努力的在學習。」

其實這種情形常常是因為：高我所給予他們的「蟲洞經驗」，真的印進了他們的心裡，他們在內心深處「知道了」自己的未來。雖然他們對那個「蟲洞經驗」的內容不一定記憶得完整，甚至可能很模糊，但那份感覺卻留在心底，變成了他難以對人解釋的「我相信我可以」了。所以他們就好像比別人更「不怕」去做自己要做的事。不過你不用羨慕他們，因為能夠不遺忘這個「蟲洞經驗」的人，也是因為他們的前世比較有修為的緣故。在心靈圈和宗教圈，有很多這樣的人。

高靈說，其實就大宇宙來講，本來就沒有時間，所有的「現在」與「未來」，是以平行宇宙的方式同時存在的。所以就像是所謂「九大行星的排列」一樣，當某個機緣發生，你和你的某個未來「對齊」了，你就會在所謂「平凡的生活」之間，突然闖入一個難以解釋的片刻，而能夠一窺你的未來，甚至是可以很具體的感受到那個未來的情境，包括你那時的身分、狀態。

反過來說，同一時間，那個「未來的你」也會在那一刻突然能夠進入你的這個「現在」，可以完全從你的身體的視角，去「體受」你這一刻所有的一切。也就是說，那個未來的你，並不是去「回憶起」現在的你的這一刻，而是真的透過蟲洞「覺察到」你這個「當下」。

也就是說，在那個蟲洞發生時，你們的平行宇宙相通了。只是通常這個「相通」的時間會非常短暫，否則的話，你真的可以透過這個相通的時間，到另個「平行宇宙」去旅行的。例如你和你國小五年級的時候、某一個下午的你相通了，那你真的可以進入那個時候的肉體，從那個肉體去看見你那個時候的爸爸媽媽或爺爺奶奶。而你所看到的並不是你的想像與回憶，而是在那個時空下真實的他們。不過這不是我們今天的主題，就不繼續深談，有興趣的人可以自己再做延伸閱讀（註1）。

衷心地願意做功課時，才不會屏蔽掉對「蟲洞經驗」的記憶

再回到我們今天的主題。有很多人從小就順著爸爸媽媽的期待去唸書考試，或是出社會以後就跟著人家說的「錢多事少離家近」去找工作，到後來卻愈來愈有一種「不知道自

己是誰」的渺小感，錢也賺得跟不上通膨，於是就慢慢地對人生、對自己產生出愈來愈多的茫然了。其實這問題真正的癥結就是：你離自己高我所曾經給你的「點化」，愈來愈遠了。並不是你不曾有過那些「蟲洞經驗」，而是因為種種原因，你把它完全遺忘了、不當一回事了。也許是自己的頭腦太強、習性太強、不安全感太強，或是太過只看近利，所以你把生命中曾經有過的；那些悸動你心的「看見」時刻，都拋諸於腦後。

其實，若你能夠尊重這些曾有的看見與悸動，往那些方向去探詢，你就等於是從一個更高的未來倒推回現在，去找到你現階段該做的事、該學習的課題……這樣去走，你的人生就會變成「事半功倍」，而且你在這條路上所需要去學習的、調整的一切，也就會正好是你此生要做的靈魂功課。

而人生最有福份的事情之一，就是你能夠從自己「更高的未來」的那個點，畫條線回來，找出連接此時與彼時的最短路徑。因為這樣你就可以又快、又篤定地，去集中你的能量，迎接該你學習的事、去你該去的方向。老師有很多的學生，現在都在這麼做，所以他們人生的進展，可以說一年比得過別人的三年。

今天其實已經告訴了大家，所謂「成功的拋物線」這樣的祕密。你會聽到很多成功的人說，他們在想未來的時候，總好像是「真的看見」，所以會很有熱情去做事。其實這並不是一種形容，而是他們真的有過那些「看見」，只是他們不知道那個經驗是什麼，他們其實是「蟲洞經驗」的常客。

在看這篇文章的時候，你是否便憶起了你的「蟲洞經驗」了呢？還是擔心你是不是曾經錯過「蟲洞經驗」，所以還要再等十年？其實不用擔心的，因為對於準備好的人而言，你也可以愈來愈常經歷它。

怎麼做呢？你可以跟你的高我祈求，祈求祂從你更高的未來那裡，再次帶給你「蟲洞經驗」。但是在祈求的時候，請記得你要告訴你的高我，你很願意接受這個「未來」所含藏的功課（這就是那個「準備好」），因為當你衷心地願意做功課時，你才不會自己屏蔽掉對「蟲洞經驗」的記憶。然後，當「蟲洞經驗」發生時，請你全心全意地覺察這個片刻，並且從這份「看見」回來自省你的當下，那你就能夠將你靈魂的願景整理得更清晰，甚至知道你該怎麼做了。當然如果你有需要，你也可以透過跟高靈的諮詢，幫助你區辨你的「蟲洞經驗」，讓你可以將自己的道路，整理得更明晰、更完整。

最後老師想與你分享一個重要的觀點：如果你的人生想要事半功倍，請把「靈修」（或心靈成長）視為一門「未來學」，而不是只能努力地去「療癒過去」、「分析過去」的「過去學」（雖然這也非常有意義）。這兩者之間，正象徵著「量子力學」所看到的宇宙（非線性），與「牛頓力學」（線性）所看到的宇宙的不同，具有很值得你深究的差異。而前者的奧祕，就是佛教裡頭的《法華經》真正要說的。不過這是重量級的題目，我們日後再談了（註2）。

（註1）可參閱《都可以，就是大覺醒》一書P.18〈你可以進入任一個「平行宇宙」的切片遨遊〉。

（註2）有興趣的人可先閱讀《與佛對話》P.88〈第三課：線性與非線性〉。

☆靈魂層次的自由

人都渴望自由，很多人覺得錢可以帶來自由，所以拚命想要賺錢，俗話說：「沒有人會嫌錢多。」這就暗示了「錢」等於「自由」的想法。但錢可以讓你不生病、不老死、死的時候不會一切都歸於零嗎？不會，所以有的人走上靈修之路，或是當他發現內心痛苦的時候，錢沒有用，他就走向宗教、走向靈修。

可是，幾乎大多數的人，無論向外求或向內求，他們總把所渴望的自由視為一種形容詞或動詞。比如說自由就是一種怎樣怎樣的狀態，或自由就是可以隨心所欲的去做等等。但這都是頭腦所投射出來的自由，頭腦不明白真正的自由：靈魂層次的自由。

靈魂層次的自由，是跟一切形容詞或動詞都無關。這種跟一切形容詞與動詞都無關的自由，才是真正的自由。

有的人覺得情緒很苦，很想解脫，於是去跳樓自殺，他也是想要自由，但是在他的內在還帶著那個想不開，所以他的想不開還會讓他在輪迴中繼續創造類似的生活。有的人就這樣過了幾千年，甚至過得愈來愈狹窄，意識層次愈來愈低的也有，一直到了某個時候，終於發生一件事把他一巴掌打醒，他才開始回頭。

另外有的人很想要開悟，很想要解脫，如果有人告訴他從高樓上跳下去可以開悟解脫，他也會一陣 high 的就撲下去；但是在他的內在還帶著那個追尋的激情，他是非常想要那個「不凡」的，結果他跳下去以後並不會開悟，也會繼續在輪迴中過著渴望著非凡的生活。

但是有的人，已經圓滿了地球的功課，那麼，他是很淡泊地在生活著，靜候著那個離開世界的機緣。有時候只是還有一些小小的人情上的隨順，所以他還活在這個世界上；但是當「靈魂的出口」來到時，他會知道，他就離開了，這裡面沒有激情、沒有逃脫也沒有渴望。也許是一場火災，你看到的是一具焦黑的屍體，但他不在那裡，也不在輪迴裡了，就像火災裡有一扇門似地，他只是簡單地走了出去，在那裡沒有留下鬼也沒有留下神。

「靈魂的出口」並不真的是有一個出口，這只是一個比喻，但準備好的人會知道那個機會之窗來了。

真正的自由，不是「你想，然後你可以」，而是「你沒去想，但要的話你也可以」。如果你想死，然後你去死，這不是自由；你沒有想死的這種念頭，但如果要你離開這個世界的話也可以，就好像線上遊戲可以隨時不玩一樣，這才是真正的自由。如果時機差不多到了，那個機緣點來了，你就走了。這是已經準備好的人，已經圓滿了地球功課的人的自由。

禪宗裡面記載了不少這樣的人物，中唐的龐蘊居士是其中之一，他與女兒靈照身為在家人，卻展現出生死自在的風采，《景德傳燈錄》第八卷記載了他是如何離開這個世界的故事。這段翻成白話文大意是這樣的：

龐蘊居士將要入滅的那一天，準備選在正中午的時候，他就吩咐女兒，幫他注意著太陽的變化，看到日正當中時要來稟報給他（那時候沒有手錶）。

到了中午，女兒進屋裡告訴父親說：「日正當中了，不過有日蝕喔。」龐蘊居士就出門來看，結果根本沒這回事，等到再回到房子裡的時候，發現女兒靈照竟然占據著自己的座位，先一步坐亡了。

龐蘊居士一看笑說：「我這女兒就是這麼機鋒敏捷，毫不低調！」於是只好把自己要離開的時間延後七天（處理一下女兒的後事）。

第七天他的朋友州牧于公來探視他，龐蘊居士交代說自己死了以後燒一燒丟棄就行了，然後對于公說：「但願空諸所有，慎勿實諸所無，好住世間皆如影響。」說完頭枕在于公的膝上就死了。

真正的自由比較像這樣：當你完成了地球功課，會有一個窗口突然開了，就好比哆拉

A夢的時光機來了，然後一個洞口突然打開了那樣，你就瀟灑地說：「喔那大家再見！」然後就搭了這順風車走人。能夠這樣的人，就是因為他已經準備好了，這個世界已經被他看透了，他只是順其自然地體驗著生活，等待著可以離開的機會，當那機會之窗來到時，他就毫不戀棧地說再見。

我們來地球就是為了學習智慧，智慧愈打開，人自然會有愈多的自由，到後來你甚至會有能力意識到那個窗口打開了，然後就輕鬆地離開輪迴。不要問在這自由裡面會有什麼感覺？會有什麼事情發生？這份自由跟人們認為的外在事件或內在感覺完全不相干。在這自由裡面，不是動詞或形容詞能夠描述的，跟這些是完全不相干的。

人間所有事情都找得到出口，只是看你看得到看不到。從世間的大大小小事情，到看似沒完沒了的生死輪迴，都有出口。真的了解這個，你就會有慈悲，不會有害怕，不會有需要活在抱怨和無奈裡面。這句話很深，淺的人看到淺的，深的人會看到深的。

祝你圓滿地球功課，能與所愛的家人之間，有來自盈滿感謝的祝福，這會是最美好的一生。

⊙ 作者介紹

章成

靈修導師，資深廣播人，三屆金鐘獎得主。首位受邀於中國銷售第一女性時尚雜誌《悅己 SELF》，開闢人生智慧專欄的台灣靈性作家，連載三年半，大受好評。長年樸素禪修，創辦「心的智慧」課程，及「一對一高層意識通靈諮詢」等，教學風格通解靈性和生活語言，讓學生容易地體會關鍵道理，輕鬆、明亮的修習。著作：《心經》、《地藏經》、《人生最有價值的事，是發現自己在重複》、《都可以，就是大覺醒》、《理念崛起》、《回家》、《奉獻》、《神性自在》、《與佛對話》（以上均為商周出版），《不失去快樂的秘密》、《你就是幸福的源頭》（以上均為天下文化），《絕望中遇見梅爾達》（方智），《一生，至少該有一次說走就走》（我們）、《大自然健康密碼 CD》（風潮唱片）。

部落格：章成的好世界　　臉書粉絲頁：章成

國家圖書館出版品預行編目 (CIP) 資料

有佛法，就有辦法：靈修、開悟，打造來世金湯匙的大智慧 / 章成著 . -- 初版 . -- 臺北市：商周出版：英屬蓋曼群島商家庭傳媒股份有限公司城邦分公司發行 ,2021.03
面； 公分
ISBN 978-986-5482-14-5（精裝）

1. 靈修

192.1　　110002576

有佛法，就有辦法：靈修、開悟、打造來世金湯匙的大智慧

作　　者　章成
責任編輯　徐藍萍

版　　權　黃淑敏、吳亭儀
行銷業務　王瑜、周佑潔、華華
總 編 輯　徐藍萍
總 經 理　彭之琬
事業群總經理　黃淑貞
發 行 人　何飛鵬
法律顧問　元禾法律事務所　王子文律師
出　　版　商周出版　台北市 104 民生東路二段 141 號 9 樓
電話：(02) 25007008　傳真：(02)25007759
E-mail：bwp.service@cite.com.tw
發　　行　英屬蓋曼群島商家庭傳媒股份有限公司城邦分公司
台北市中山區民生東路二段 141 號 2 樓
書虫客服服務專線：02-25007718　02-25007719
24 小時傳真服務：02-25001990　02-25001991
服務時間：週一至週五 9:30-12:00　13:30-17:00
劃撥帳號：19863813　戶名：書虫股份有限公司
讀者服務信箱 E-mail：service@readingclub.com.tw
香港發行所　城邦（香港）出版集團有限公司　香港灣仔駱克道 193 號東超商業中心 1 樓
E-mail: hkcite@biznetvigator.com　電話：(852)25086231　傳真：(852)25789337
馬新發行所　城邦（馬新）出版集團 Cite (M) Sdn Bhd
41, Jalan Radin Anum, Bandar Baru Sri Petaling, 57000 Kuala Lumpur, Malaysia.
Tel: (603) 90578822　Fax: (603) 90576622　Email: cite@cite.com.my

封面設計　張燕儀
印　　刷　卡樂製版印刷事業有限公司
總 經 銷　聯合發行股份有限公司　新北市 231 新店區寶橋路 235 巷 6 弄 6 號 2 樓
電話：(02) 2917-8022　傳真：(02) 2911-0053

■2021 年 3 月 18 日初版
城邦讀書花園
www.cite.com.tw
Printed in Taiwan

定價 450 元

 ISBN 978-986-5482-14-5

⊙【轉化人生的藝術】系列單堂課程

為了讓大家能夠接觸到章成老師只在過去的課堂中講授過，沒有在網路文章或實體書中傳遞過的高靈訊息。我們分設十一個主題，分別開設一堂「單堂課」，與有心做更上一層樓的學習的您分享。

您可以只針對任何您有興趣的單一堂課；或其中幾堂課自由報名參加。每堂課的時間都是 1.5 小時，主講的老師都已跟跟隨章成老師學習多年，也會現場與參加者進行問答及討論。

以下列出十一堂「單堂課」的主題，欲報名與了解詳情，請掃描下面所附之 QR CODE，進入網頁查詢。（本課程每月循環，所以這個月某堂課的日期過了，您可以等待下個月再參加。）

〈單堂課主題列表〉

1. 回春之泉——找回青春的心，再被宇宙愛一次
2. 告別貧窮的富貴心法
3. 揮別沉悶，活出人生的甜度——談「正向的整理、負向的整理」
4. 你充電比人家慢嗎？——來學習更有效的休息法
5. 不再逃避，不再憂鬱——給我振奮人生的強心劑
6. 再見！我的無價值感——分辨頭腦和心，活出自己的尊貴
7. 你愈要，愈要不到嗎？——談宇宙的「DNA 反轉法則」
8. 原來我是這樣來地球——談靈魂投生的原理
9. 花若盛開，小人也來——搞對你的吸引力法則
10. 家庭關係的相欠與雙贏
11. 走過幽暗低谷，親手再植夢田——神佛如何幫助一個人

心存善念
福氣綿延